出土文獻綜合研究專刊之十六

秦漢簡牘系列字形譜

四

主　編　張顯成
副主編　王　丹　李　燁
編撰人員　張顯成　王　丹　李　燁
高　魏　劉國慶　雷長巍　滕勝霖
高　明　楊艷輝　陳榮傑　趙久湘

中華書局

目録

分譜之六　鳳凰山漢簡字形譜

分譜之七　孔家坡漢簡字形譜

第五　竹部——桀部……二二二

第八　人部——次部

分譜之六

鳳凰山漢簡字形譜

説明

一　本字形譜所收之字源自中華書局於二〇一二年出版的《江陵鳳凰山西漢簡牘》，收簡牘五百六十九枚（含殘斷及無字簡牘）。

二　本字形譜從原圖版取樣，儘量選取清楚完整的字形，圖版漫滅不清而摹本清晰準確者則取摹本字樣。字頭共有單字五百五十二個，合文二個。

三　辭例所標出處悉依《江陵鳳凰山西漢簡牘》，簡牘號原整理報告用的是漢字，字形譜中改用阿拉伯數字表示。例如：「8號墓10」表示《江陵鳳凰山西漢簡牘》中八號墓的第十簡。十號墓中的第四、五號木牘有多處相同的語段，無法用辭例來區分字形所在位置，爲了能準確標明簡文所在位置，在木牘號後打上間隔號「·」，再標上行第。如「10號墓牘4背·6」，表示十號墓第四號木牘背面的第六行。十號墓出土兩支大竹簡，爲稱引方便，將兩者分別簡稱爲「牘7」和「牘8」。

單字

第一 一部——丵部

一部

0001 一

一

351

8號墓 92 三斗壺～雙

9號墓 31 大脯檢～合

169號墓 24 罂～

8號墓 128 ～石三斗

10號墓 11 小于～具

8號墓 104 一半歙栀～

8號墓 134 ～石三

8號墓 137 熏〻囊～

8號墓 126 一石～斗

9號墓 48 肉～笥

8號墓 36 蓋～

167號墓 17 大盛～合

167號墓 36 食卑匱～隻

168號墓 38 傅蘚后～合

10號墓 37 遣～男

0002

吏

12

10號墓牘1正
食檢～具

8號墓127
～石一斗

167號墓14
小奴～人

168號墓牘1
可令～

10號墓牘3背
舨～

10號墓牘3背·2
舨～

10號墓牘3背·3
舨～

上部

0003重

上

6

10號墓40
宋～一

10號墓51
～官巴人

9號墓牘3正
謹～十六年

10號墓牘6
槖～户匒十三石

0004

旁

2

168號墓47
～（傍）囊一

8號墓32
～軲一

0005重

下

2

168號墓牘1
敢告地～丞

示部

0006

禄

禄

1

8號墓49　大奴～從

0007

福

福

1

10號墓墓1正　長丈四二～（幅）

三部

0008

三

三

97

10號墓牘4正　～千九百廿

10號墓11　口～人

10號墓23　能田～人

8號墓128　一石～斗

8號墓92　～斗壺一雙

168號墓牘1　十～年五月

10號墓28　田廿～畝

8號墓85　～束

168號墓23　八寸皁匳～隻

10號墓牘3背　～月辛卯

8號墓132　一石～斗

8號墓134　一石～

10號墓36 張母～

10號墓37 寅～

王部

0009
王
王
5

10號墓76 ～聖

10號墓75 ～終古

10號墓65 ～則

10號墓牘2正 ～翁季五十

士部

0010
士
士
4

10號墓56 ～子行

10號墓61 ～樹行

10號墓29 户人公～田

丨部

0011
中
中
13

8號墓73 大奴郎～

10號墓牘3背 ～舨

10號墓牘3正 ～舨

8號墓100 黑~脯檢一合

168號墓56 在棺~

9號墓牘2正 受郡~

168號墓53 在棺~

屮部

0012 重

芬

1

167號墓53 盛~

0013

熏

3

8號墓124 ~盧一

8號墓168 ~籚一笿

8號墓137 ~〓囊一

艸部

0014

蘇

1

8號墓47 大奴蒲~從

0015

葵

1

8號墓157 ~〓笿一

0016	0017	0018	0019	0020	0021	0022	0023
薑	藍	薰	蒲	茜	苽	菌	蒼

1	1	1	1	1	1	1	2

8號墓 154 ~=（薑薑）笭一	167號墓 49 ~（鹽）器一	167號墓 51 盛~	8號墓 47 大奴~蘇從	167號墓 68 ~（栗）笭一枚	8號墓 148 ~（瓜）=笭一	8號墓 123 ~（困）一	8號墓 146 ~綺五穀

0024 薄

2

167號墓58　～（簿）土一枚

0025 蕢

1

蕢 8號墓135　～〓囊一

0026 藉

4

8號墓88　人～（籍）凡卌九

10號墓9　鄭里稟～（籍）

168號墓45　右方器～（籍）

0027 葢

6

8號墓36　～一

167號墓4　紕～一

168號墓1　有～

168號墓2　～一

169號墓1　有～

0028 芻

6

10號墓牘6　田～四石

10號墓牘6　～爲稾

10號墓牘6　～廿七石

0029 芥

2

8號墓159　～一篙

8號墓170　藍～

0030 蘚

1

168號墓38　傅～后一合

茻部

0031

莫

1

10號墓 59

~□□二戶

第二 小部——足部

小部

0032 小

40

8號墓49 ～平禁一

8號墓90 ～盛二合

8號墓97 ～卑匲五雙

8號墓99 ～卵檢一合

10號墓牘1正 ～于一具

10號墓61 ～奴

10號墓70 □～

167號墓14 ～奴一人

168號墓16 卵～檢一合

168號墓27 ～壺一隻

0033 少

7

10號墓牘8 一斗四升～半

10號墓51 ～一日

10號墓48 ～一日

10號墓47 ～一日

八部

0034

八

53

10 號墓牘 4 正
~钱八百

10 號墓牘 4 正
八钱~百

10 號墓牘 4 正
二千~百

10 號墓 10
田~畝

10 號墓 13
口~人

10 號墓 14
田十~畝

10 號墓 103
市陽錢千~百廿

10 號墓 122
直百~

168 號墓 46
小繡囊~

168 號墓牘 1
廿~人

0035

分

1

10 號墓 116
與司馬伯~二唐=

0036

公

3

10 號墓 34
~士市人

10 號墓 29
户人~士田

10 號墓牘 2 正
楊~子

0037

余

2

10 號墓牘 3 背
爲皈吏~器物及人

半部

0038
半

13

10號墓牘7
六升～

10號墓牘6
四升～

10號墓牘7
其七升～當

8號墓104
一～歙卮一

牛部

0039
牛

12

10號墓12
户人擊～

9號墓22
～僕

167號墓9
～者一人

169號墓2
牡～一

8號墓85
～車一乘

8號墓86
～一匹名黑

168號墓9
～[車]一兩

0040
牡

2

169號墓5
驪～馬二匹

0041

物

物

10

坢 167號墓 2
驪~馬二匹

10號墓牘 3 背
器~不具

10號墓牘 3 背
~責十

10號墓牘 3 背
器~毀傷

10號墓牘 3 背
其器~

告部

0042

告

告

3

168號墓牘 1
敢~地下丞

168號墓牘 1
敢~主

口部

0043

口

口

28

10號墓牘 4 背
賜~錢

10號墓 10
~一人

10號墓 17
~六人

10號墓 23
~四人

10號墓 29
~六人

10號墓 31
~四人

口

- 10號墓 32　~三人
- 10號墓 33　~三人
- 10號墓 12　~四人
- 10號墓 24　~四人

0044 名　1

- 8號墓 86　牛一匹~黑

0045 唐　5

- 10號墓 50　~行
- 10號墓 113　梟一~卌二
- 10號墓 116　分二~=
- 10號墓 118　梟一~卌
- 10號墓 120　梟一~卌

0046 各　5

- 168號墓 8　男女~四人
- 168號墓 44　錦因~一
- 168號墓 51　糸=侵~一

叩部

0047 單　1

- 168號墓 39　角~（觶）一隻

走部

0048
越

3

10號墓10
移～人户

10號墓17
户人～人

10號墓50
～人

止部

0049
歬

3

前　10號墓牘3背
非～謁

8號墓15
素～襲一

步部

0050
歲

1

167號墓2
齒六～

正部

0051
正

23

10號墓牘4正・7
～偃

10號墓牘4正・4
～偃

10號墓牘4正・3
～偃

10號墓牘4背·9
~偃

10號墓牘4背·4
~偃

10號墓牘4背·3
~偃

辵部

0052
造

1

8號墓77
大奴熊作~

0053
送

4

10號墓牘4背
佐纏傳~

10號墓98
~

0054
遣

10

10號墓35
~一男

10號墓42
~一男

10號墓38
~一男

0055
逮

1

9號墓牘1正
~穀丞行爲郡買馬

彳部

0056
循

3

8號墓50
蟄~（盾）

8號墓51
龜~（盾）一

0057 得　2

10號墓牘4背 付□~奴

10號墓35 鄧~二

0058 律　1

10號墓牘1背 以~令從事

0059 御　6

167號墓3 ~者一人

168號墓1 ~一人

169號墓1 ~一人

0060 倲　1

169號墓11 ~（倲）一

延部

0061 延　1

168號墓58 ~（筵）席一

行部

0062 行　14

9號墓牘1正 丞~爲郡買馬

10號墓牘3背 病不~者

10號墓53 赤~

10號墓 58

□～

10號墓 55

□～

齒部

0063

齒

1

167號墓 2

～六歲

足部

0064

足

1

168號墓 39

金～

0065

踵

1

168號墓 25

大～（鍾）一

第三　㗊部——用部

㗊部

0066 器 （小篆）器 15

8號墓 125 右方瓦～藉

167號墓 48 酤酒一～

10號墓牘 3背 ～物毀傷

10號墓牘 3背 非其～物

10號墓牘 1正 瓦～凡十三物

168號墓 35 具～一合

古部

0067 古 （小篆）古 2

10號墓 54 ～斯二户

10號墓 75 王終～

十部

0068 十 （小篆）十 91

8號墓 111 食赤杯～

10號墓 118 百六～四

10號墓牘 4正 百一～二

9號墓 26　杯～隻

10號墓 12　田～二畝

168號墓 10　馬～匹

10號墓牘 3背　責～錢

168號墓 35　杯～枚

10號墓 40　凡～荓

10號墓牘 3背　罰五～

0069

文

1

10號墓牘 1正　長～四

0070

千

18

10號墓牘 4正　三～九百

10號墓 107　凡二～九百卅

10號墓牘 4正　二～八百

10號墓 103　～八百廿

10號墓牘 4正　～一百廿

167號墓 56　盛萬九～金

10號墓 125　凡～八百

10號墓 110　～三百

0071

博

3

8號墓 165　～（簿）席一具

8號墓 165　～（簿）

0072

廿

廿

36

10號墓 20
田～畝

168號墓 33
魚杯～枚

10號墓牘 6
～四石

8號墓 110
醬杯～

10號墓 26
田～三畝

10號墓牘 4正
～六錢

10號墓 108
～口

167號墓 28
～枚

10號墓牘 6
～七石

10號墓 115
六月～五日

8號墓 109
黑杯～

10號墓 124
凡～

0073

卌

13

10號墓牘 2正
張父～

10號墓 115
直百～

168號墓 10號墓
人～一

卅部

0074

卅

卅

30

丗 8號墓 108
傷杯～

10號墓 118
臬一唐～

10號墓 17
田～畝

10號墓 107
九百～二

10號墓 24
田～畝

168號墓 32
畫杯～

言部

0075 言

言　3

9號墓牘1正　～之

9號墓牘2正　縮敢～

168號墓牘1　自～

0076 謁

謁　6

8號墓45　大奴息～

8號墓46　～脯一篋

10號墓牘3背　非前～

0077 論

論　1

10號墓49　昆～二户

0078 謹

謹　2

9號墓牘1正　～上十六年

0079 説

説　1

10號墓38　～一

0080 計

計　2

10號墓牘3背　～不具者

168號墓59　～＝筩一合

0081 訾

訾　1

10號墓78　偎毋～

音部

0082 章

2

10號墓62
中～

10號墓18
户人不～

0083 竟

2

竟8號墓44
～（鏡）檢一合

辛部

0084 童

1

169號墓8
養～

業部

0085 僕

2

9號墓22
牛～

収部

0086 奉

8

- 10號墓牘4正　佐繵吏～
- 10號墓牘4背　佐繵吏～
- 10號墓牘5正・2　十四吏～
- 10號墓牘5正・8　十四吏～

0087 丞

6

- 9號墓牘1正　安陸守～
- 9號墓牘1正　～行
- 9號墓牘3正　安陸守～
- 168號墓牘1　江陵～
- 168號墓牘1　敢告地下～

0088 兵

1

- 10號墓牘5正　繕～

0089 具

12

- 10號墓牘3背　計不～者
- 10號墓牘3背　器物不～
- 10號墓牘1正　小于一～
- 10號墓牘1正　櫝一～

共部

0090
共

4

10號墓牘3背
~事

10號墓牘3背
直行~侍

10號墓牘3正
中舨~侍約

10號墓牘3背
舨~負之

異部

0091
異

1

10號墓38
~三

0092
戴

1

9號墓11
大奴~

舁部

0093
與

4

10號墓牘3背
相~爲舨約

10號墓牘3背·2
勿~同舨

10號墓116
~司馬伯

晨部

0094 晨

2

10號墓53
~二户

10號墓38
~一

革部

0095 革

1

8號墓106
~一雙

0096 鞠

1

167號墓67
~（麴）答一

0097 靳

2

10號墓43
~□一

10號墓牘2正
~悍卌

鬲部

0098重 釜

1

167號墓45
~一枚

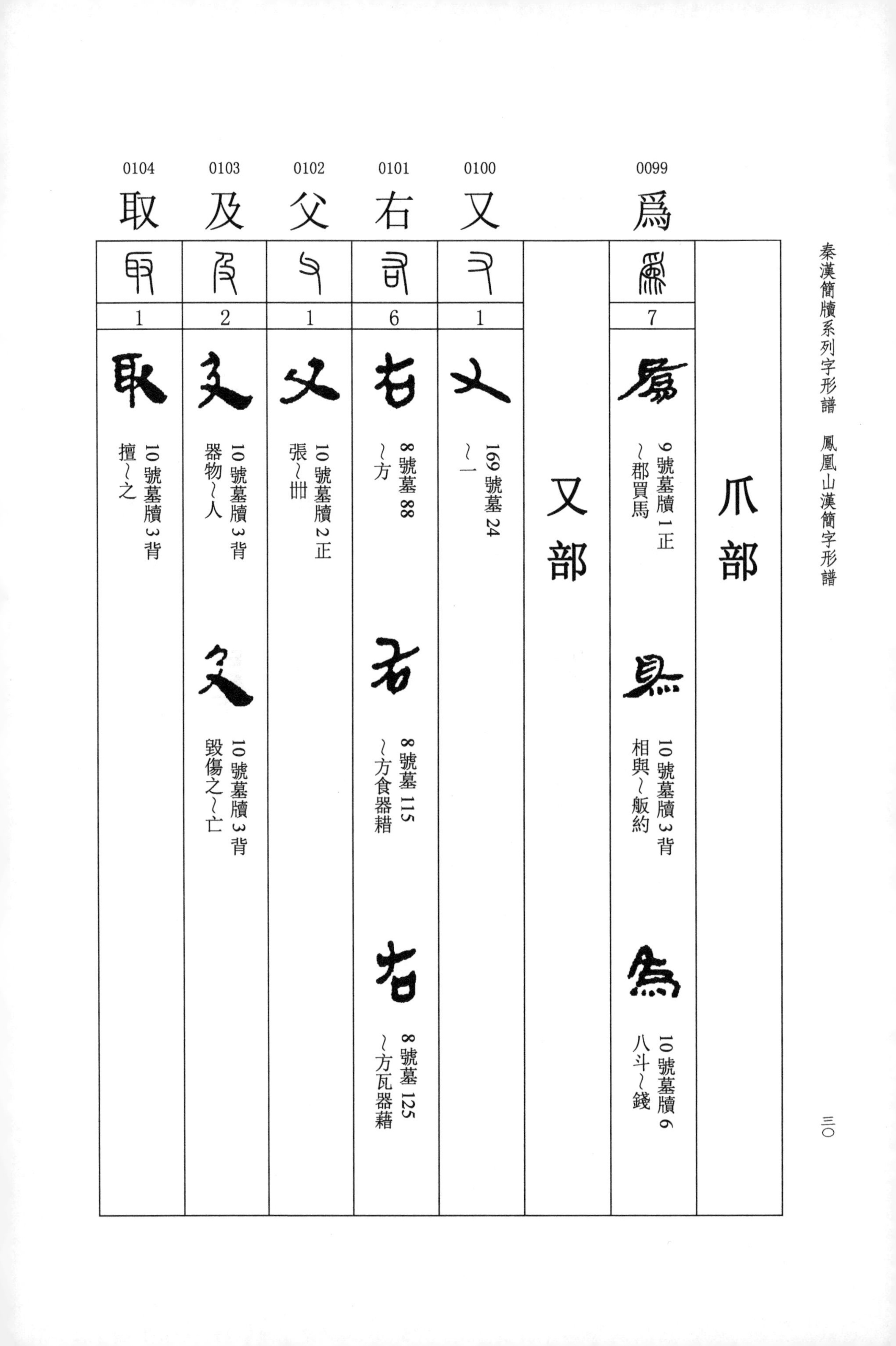

爪部

0099 爲

7

9號墓牘1正 ～郡買馬

10號墓牘3背 相與～販約

10號墓牘6 八斗～錢

又部

0100 又

1

169號墓24 ～一

0101 右

6

8號墓88 ～方

8號墓115 ～方食器耤

8號墓125 ～方瓦器藉

0102 父

1

10號墓牘2正 張～卌

0103 及

2

10號墓牘3背 器物～人

10號墓牘3背 毀傷之～亡

0104 取

1

10號墓牘3背 擅～之

ナ部

0105 卑

18

10號墓牘1正　會~=（椑榹）一具

167號墓37　膾~（椑）匱二

168號墓23　~（椑）匱三隻

168號墓22　~（椑）匱五隻

史部

0106 事

3

10號墓牘3背　共~

168號墓牘1　以從~

聿部

0107 書

1

10號墓46　倉~

畫部

0108 畫 畫 2

8號墓 101 大～脯檢一合

168號墓 32 ～杯卌

臤部

0109 堅 堅 1

8號墓 40 小奴～從車

0110 豎 豎 2

8號墓 41 大奴甲車～

168號墓 9 ～一人

臣部

0111 臣 臣 1

10號墓 55 ～藟二户

殳部

0112

毄

1

9號墓牘1正
逮～

0113

殸

1

8號墓170
五～（穀）小囊

寸部

0114

寸

2

168號墓23
八～卑匧

169號墓19
七～卑匧

0115

將

4

8號墓71
大奴師～田

10號墓115
緯二百～

攴部

0116

故

8

8號墓9
～素襌襦一

8號墓35
～布

8號墓23
～縑裛一

0117

敦

1

10號墓47
～乙二户

0118
寇

2

10號墓 41
毋~三

10號墓 48
~□

0119
牧

1

9號墓牘 2 正
長~

卜部

0120
貞

2

10號墓 52
~二户

用部

0121
庸

1

10號墓牘 3 背
毋人者以~賈

第四 目部——角部

目部

0122 相

相 1

10號墓牘3背
~與爲皈約

白部

0123 者

者 12

10號墓牘3背
計不具~

10號墓牘2背
不予~

169號墓6
謁~一人

168號墓5
~一人

169號墓2
件~一人

0124 𥏼

𥏼 2

10號墓73
楊毋~

10號墓72
毋~

0125 百

百 64

10號墓牘4正·7
四月~九萕

10號墓牘4正
八~十二

10號墓105
六~九十八

8號墓 107
九～卌二

10號墓 111
～六十五

10號墓 118
直～六十四

羽部

0126
翁

8

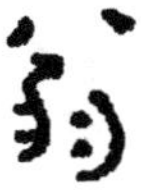
10號墓 39
～女一

10號墓 115
五～伯

10號墓 118
五～伯

隹部

0127
隻

27

8號墓 72
操～（钁）

168號墓 21
操～（钁）

169號墓 15
操～（钁）

168號墓 22
操～（钁）

169號墓 26
操～（钁）

0128
雞

1

168號墓 15
小～檢一合

羊部

0129 美

2

168號墓6　~人女子十人

雔部

0130 靃

1

霻 8號墓149　~=（藿藿）笿一

0131 雙

8

8號墓98　竽三~

8號墓92　三斗壺一~

8號墓107　柯二~

叀部

0132 惠

1

10號墓35　女~

予部

0133

予

1

10號墓牘2背
不~者

0134

舒

1

郄 8號墓82
大奴~擢

受部

0135

受

5

10號墓牘4正
~正忠二百

9號墓牘3正
~縣中

0136重

𣪏

4

敢 9號墓牘2正
二牒~

168號墓牘1
~告地下丞

168號墓牘1
~告主

肉部

0137

肉

5

8號墓162
~醬一傷

168號墓61
~〼笥一合

169號墓35
盛~醬

- 167號墓47 ~醬一器
- 169號墓49 ~莤一

0138重 肩

1

- 10號墓墓25 户人青~

0139 胡

1

- 10號墓牘2正 ~兄五十

0140 脯

12

- 8號墓100 黑中~檢一合
- 168號墓13 大~檢一合
- 168號墓20 小盛~平槃二

0141 脩

1

- 10號墓77 郭~ 脩

0142 膾

1

- 167號墓37 ~卑匲

刀部

0143 利

2

- 10號墓牘5正 當~正月
- 10號墓牘5正 當~二月

0144 則

4

10號墓35　宋～二

10號墓牘2背　宋～齊

0145 罰

4

10號墓牘3背　～比不會

10號墓牘3背　～百錢

10號墓牘3背　～日廿

刃部

0146 㓞

1

167號墓12　～（耕）大奴

耒部

0147 耒

4

8號墓73　大奴郞中～

8號墓75　大奴眾～

0148 耤

2

8號墓115　食器～（籍）

8號墓170　篟～（籍）

角部

0149

角

1

168號墓39

～單一隻

第五　竹部——桀部

竹部

0150 竹  2

8號墓167
～綪一

10號墓牘1正
～司二

0151 笥  2

8號墓150
～=笿一

0152 等  3

10號墓牘3背
陳伯～七人

荸 168號墓牘1
大婢良～

168號墓牘1
大婢益～

0153 符  1

苻 168號墓64
食～痍一

0154 笥  15

167號墓57
繒～合中

168號墓59
～一合

168號墓60
～一合

168號墓61
～一合

笥 10號墓118
～二合

10號墓120
～二合

10號墓122
～二合

8號墓60
大婢～

0155
箄
箄
1

8號墓42
～一

0156
箸
箸
2

8號墓114
～=筩一

167號墓65
杝～筩一

0157
笿
笿
25

8號墓152
栂=～一

8號墓154
薑=～一

8號墓168
熏籓一～

167號墓67
鞠～一

167號墓68
茜～一枚

167號墓72
卵～一枚

簬 9號墓45
雙一～

0158
⿱⺮昜

6

⿱⺮⿰彳昜 8號墓160 一~

8號墓161 蹁醬一~

8號墓162 肉醬一~

8號墓163 甘酒一~

8號墓170 芥~

0159
筩

1

8號墓114 箸~=一

0160
竽

1

8號墓98 ~（盂）三雙

0161
笲

37

8號墓166 ~=席一

莽 10號墓牘4正·2 百一十二~

10號墓牘4正·3 百一十二~

10號墓牘4背·5 百九~

10號墓38 凡十~

10號墓39 凡十~

10號墓37 凡十~

0162
算

2

8號墓165 博~

0163
篧

1

167號墓74
～（藿）笿一枚

0164
⿱⺮⿰禾有

1

8號墓167
竹～（楕）一

0165
⿱⺮購

1

8號墓168
熏～（篝）一笿

箕部

0166 重
其

5

10號墓牘7
～二石一斗

10號墓牘3背
非～器物

甘部

0167
甘

1

8號墓163
～酒

曰部

0168 曷　1

168號墓52　～（葛）履一兩

可部

0169 可　2

168號墓牘1　～令史

0170 奇　2

167號墓52　青～（綺）囊一

167號墓53　青～（綺）囊一

亏部

0171 亏　1

于　10號墓牘1正　小～（盂）一具

0172 平　9

8號墓49　小～

8號墓95　搴～槃一

10號墓100　舍～里

168號墓19 方~槃一

168號墓20 ~槃二

喜部

0173 喜

1

10號墓94 ~

豆部

0174 豆

2

169號墓35 ~醬

0175 蹁

1

8號墓161 ~醬一鴇

虍部

0176 虞

1

8號墓80 大奴~人擢

皿部

0177 盂

4

167號墓 20
~四枚

167號墓 38
瓦~一枚

169號墓 34
~一

0178 盛

29

8號墓 89
大~二合

8號墓 90
小~二合

167號墓 51
~薰

167號墓 52
~粖

169號墓 24
~澤

168號墓 11
卵~三合

0179 盧

1

8號墓 124
熏~（爐）一

0180 盎

2

167號墓 43
~二枚

169號墓 31
~一

0181 益

4

8號墓 63
大婢~

8號墓 67
大婢~宦

168號墓牘 1
大婢~

丶部

0182 主

2

168號墓牘1 敢告～

青部

0183 青

6

10號墓25 户人～肩

8號墓66 ～操柤

167號墓52 ～奇囊一

皀部

0184 即

1

10號墓牘3背 ～飯

食部

0185 食

13

8號墓111 ～赤杯十

168號墓24 ～大卑匲

8號墓103 大～檢一合

168號墓49 大～囊二

8號墓102 小～檢一合

8號墓115 ～器耤

0186 養

9

8號墓61 大婢悳～

8號墓62 大婢㫚～

167號墓8 ～女子二人

169號墓9 ～女子一人

亼部

0187 合

37

8號墓89 大盛二～

8號墓90 小盛二～

8號墓99 小卵檢一～

8號墓101 脯檢一～

8號墓102 小食檢一～

8號墓103 大食檢一～

168號墓15 小雞檢一～

10號墓122 笥二～〃

168號墓11 卵盛三～

169號墓23 盛二～

168號墓16 卵小檢一～

168號墓60 大笥一～

0188 今

1

10號墓墓15 ～□奴

0189 舍

1

10號墓100　～平里

會部

0190 會

7

10號墓牘3背　舨吏令～

10號墓牘3背　不～=

10號墓牘3背　～而計不具者

10號墓牘3背　罰比不～

10號墓牘3背　～錢備

168號墓21　～（膾）卑匱

入部

0191 入

1

10號墓牘3背　～舨錢二百

缶部

0192 缶

1

167號墓39　～二枚

0193 罌

2

8號墓116 酒～一

8號墓117 澤～一

0194重 瓶

1

8號墓119 漿～

0195 罋

1

甕 8號墓122 汲～二

矢部

0196重 射

1

10號墓28 户人～

0197 短

1

9號墓牘1正 縣中～

冂部

0198 市

20

10號墓34 公士～人

10號墓牘4正·7 ～陽四月

10號墓牘4背·4 ～陽五月

10號墓牘4背·3
~陽五月

168號墓牘1
~陽五

畗部

0199
良

2

168號墓牘1
大奴~

亯部

0200
稟

1

10號墓9
鄭里~（廩）藉

來部

0201
來

1

8號墓60
大婢笥~侍

8號墓60
大婢笥~侍

夊部

0202 夏

1

10號墓36 ～幸一

韋部

0203 韎

1

8號墓31 新素～（襪）一兩

0204 韐

1

8號墓32 旁～一

桀部

0205 乘

12

8號墓36 軺車一～

168號墓牘1 軺車二～

8號墓85 牛車一～

169號墓1 軺車一～

167號墓1 軺一～

169號墓2 有車一～

第六　木部——𨛜部

木部

編號	字頭	小篆	字數	出處及辭例
0206	木	木	3	8號墓113 ~杓一；168號墓43 木~一；169號墓26 ~壺一隻
0207	梅	梅	3	栂 167號墓69 ~笿一枚；167號墓71 生~笿一枚
0208	李	李	3	167號墓70 ~笿一枚；8號墓153 ~=笿一
0209	杜	杜	1	10號墓83 ~留
0210	枇	枇	1	167號墓10 持疎~（篦）
0211	楊	楊	6	10號墓74 ~纍；10號墓63 ~人；10號墓73 ~毋

0212
某

1

10號墓39
女～乘

0213
樹

1

10號墓61
士～行

0214
朱

2

10號墓31
户人～市人

10號墓84
～但

0215
枚

45

167號墓19
醬栝卅～

167號墓44
酒罌二～

167號墓46
甗一～

167號墓20
盂四～

167號墓32
大柙一～

167號墓73
采箸一～

167號墓30
醬杞一～

167號墓31
傷栝卅～

167號墓34
二斗檢一～

167號墓74
筐箸一～

167號墓72
卵箸一～

168號墓18
杅八～

0216
杇

1

杅 168號墓18
～（盂）八枚

0217
柤
柤
12

8號墓 70
大婢萆操～（鋤）

8號墓 65
大婢幸操～（鋤）

8號墓 68
大婢醉操～（鋤）

8號墓 67
益宦操～（鋤）

9號墓 13
操～（鋤）

9號墓 14
操～（鋤）

0218
櫝
櫝
2

10號墓牘 1正
～（牘）一具

0219
桮
桮
18

167號墓 19
醬～卌枚

169號墓 15
～十隻

169號墓 17
□～五隻

杯 8號墓 108
傷～卌

8號墓 109
黑～廿

8號墓 110
醬～廿

168號墓 31
黑～卌

0220
槃
槃
4

8號墓 95
黍平～（盤）一

8號墓 94
浣～（盤）一

168號墓 20
平～（盤）二

168號墓 19
方平～（盤）一

編號	字頭	數量	出處及辭例
0221	案	3	10號墓牘1正 ~一；168號墓1 ~車一乘；168號墓42 坐~一
0222	榼	1	榼 8號墓93 二斗~一
0223	杼	1	168號墓43 木~（梳）一
0224	杖	1	168號墓54 ~一
0225	柯	5	10號墓牘1正 ~（問）一具；167號墓18 ~（問）二枚；168號墓34 欿~（問）四隻
0226	栝	2	8號墓156 ~=笿一
0227	櫟	1	10號墓86 ~□
0228	梲	1	168號墓44 □=~=

0229 檢

21

- 8號墓101 脯～（奩）一合
- 8號墓103 大食～（奩）一合
- 168號墓17 大車～（奩）一合
- 168號墓13 大脯～（奩）一合
- 168號墓16 卵小～（奩）一合

0230 椶

2

- 艘 8號墓78 船一～（艘）
- 168號墓10 船一～（艘）

0231 采

2

- 167號墓73 ～笿一枚

0232 柙

4

- 168號墓30 大五斗～（榼）一
- 168號墓29 二斗～（榼）一

0233 棺

4

- 168號墓53 在～中
- 168號墓54 在～中
- 168號墓55 在～中

0234 新 梔

2

- 8號墓105 醬～（卮）一
- 8號墓104 歙～（卮）一

0235 朼

2

- 8號墓112 ～（匕）二
- 167號墓65 ～（匕）箸筲一

0236
杞

2

167號墓29
小～（卮）一枚

167號墓30
醬～（卮）一枚

0237
椆

1

8號墓165
綦（棋）～

0238
樍

1

167號墓13
～大婢四人

之部

0239
之

6

9號墓牘3正
【敢言】～

9號墓牘1正
言～

10號墓88
澤～

10號墓牘3背
舨共負～

10號墓牘3背
擅取～

10號墓牘3背
毀傷～及亡

出部

0240
出

1

10號墓125
廿三日所～

𣎵部

0241

索

1

8號墓57 大婢女~侍

生部

0242

生

2

8號墓58 大婢~侍

167號墓71 ~栂笞一枚

桼部

0243

髤

2

髤 8號墓95 ~（漆）平槃一

束部

0244

束

8

8號墓142 縑繒二~

8號墓143 完素一~

8號墓144 襍繒一~

8號墓 145
襍錦繒一～

橐部

0245 橐

1

8號墓 138
坑=～一

0246 囊

27

8號墓 126
純～桼秫米

8號墓 136
實=～一

8號墓 140
黄卷～一

8號墓 132
縑～白稻米

8號墓 127
純～稻秫米

168號墓 50
大米～七

口部

0247 國

1

10號墓 53
安～

0248 困

2

167號墓 42
～一枚

169號墓 29
～=一

0249 園　2

169號墓28　～（圓）□一

0250 因　2

169號墓54　縞大～（茵）一

168號墓44　錦～（茵）各一

0251 固　1

167號墓66　～魚一枚

貝部

0252 貝　1

10號墓62　平中章～

0253 賢　1

8號墓39　大奴～御

0254 貸　22

10號墓16　～二石三斗

10號墓18　～三石七斗

10號墓20　～二石

0255 賜　9

10號墓牘4背・2　付西鄉偃佐～

10號墓牘4正・5　付西鄉偃佐～

10號墓牘4正・1　付西鄉佐～

0256	負		1	 10號墓牘3背 舨共～之
0257	費		1	 10號墓牘5正 給轉～
0258	責		2	 10號墓牘3背 物～十錢  167號墓7 ～（側）侍女子
0259	賈		1	 10號墓牘3背 以庸～
0260	買		1	 9號墓牘1正 爲郡～馬

邑部

0261	郡		2	 9號墓牘1正 爲～買馬  9號墓牘2正 ～中

0262 都

2

10號墓48　～二户

10號墓90　成～

0263 鄭

5

10號墓9　～里稟藉

10號墓牘4背·7　～里二月

10號墓牘4背·8　～里二月

0264 鄧

1

10號墓35　～得二

0265 郢

1

9號墓墓1背　～人手

0266 鄖

1

8號墓73　大奴～中

0267 邛

1

10號墓36　男母～

0268 郭

2

10號墓77　～脩

10號墓64　～貞

𨛜部

0269

鄉

17

10號墓牘4背・8 付西~佐

10號墓牘4正・3 付西~偃

10號墓牘4正・1 付西~偃

10號墓牘4背・9 付西~佐

10號墓牘4背・4 付西~佐

第七 日部——自部

日部

0270 日

21

10號墓牘3背 罰～卅

10號墓49 少一～

10號墓114 六月廿二～

10號墓118 九月四～

10號墓47 少一～

10號墓115 六月廿五～

10號墓51 少一～

0271 時

1

10號墓80 倀～

0272 早

2

8號墓21 黃～（皂）袍一

0273 昆

1

10號墓49 好～論二戶

月部

0274 月

56

10 號墓牘 4 正・2
市陽二～

10 號墓牘 3 背
三～辛卯

168 號墓牘 1
五～庚辰

10 號墓 119
九～十日

10 號墓 125
十～十日

0275 朔

3

9 號墓牘 3 正
申～壬戌

9 號墓牘 1 正
申～壬戌

0276 期

2

10 號墓 40
～三

有部

0277 有

11

169 號墓 11
～一人坐

169 號墓 1
～蓋

168 號墓 14
～檢

多部

0278 多

多

2

8號墓87
～〈芻〉牛

10號墓41
□～一

毌部

0279 貫

貫

1

168號墓65
錢四～

0280 虜

虜

1

10號墓20
户人～

卤部

0281 㮚

㮚

2

粟 10號墓牘8
～二斗

齊部

0282 齊

齊

2

10號墓牘2背
宋則～

10號墓36
～一

片部

0283 牒

2

9號墓牘2正 二〜

168號墓45 卌四〜

禾部

0284重 粢

7

8號墓126 純囊〜秫米

8號墓128 縑囊〜米

10號墓牘8 〜秫

粢 167號墓62 〜粺米

0285 秫

4

8號墓127 稻〜米

167號墓60 粢〜米二石

0286 稻

13

8號墓129 縑囊〜米

8號墓132 白〜米

167號墓63 〜粺米二石

8號墓127 〜秫米

0287	0288	0289	0290	0291	0292	0293
移	稾	年	轂	租	稱	積

4	6	6	1	1	1	1
 10號墓10 ~越人户	 稾 10號墓牘6 六石當~	 9號墓牘2正 六~	 8號墓146 蒼綺五~	 10號墓牘7 ~五十三石	 167號墓59 稻~（糯）米	 10號墓21 户人~
 10號墓110 千三百四~	 10號墓牘6 芻爲~	 168號墓牘1 十三~				
	 10號墓牘6 田~二石	 9號墓牘3正 十六~				

米部

0294 米

米（19）

- 8號墓 127 稻秫～
- 8號墓 129 縑囊稻～
- 8號墓 131 縑囊稻～
- 167號墓 59 稻穤～
- 167號墓 63 稻粺～
- 168號墓 50 大～囊七

0295 糲

糲（1）

- 167號墓 61 稻～米二石

0296 粺

粺（2）

- 167號墓 63 稻～米
- 167號墓 62 粢～米

朩部

0297 枲

枲（4）

- 10號墓 120 ～一唐
- 10號墓 118 ～一唐
- 10號墓 122 ～四絜

宀部

0298 宇 1

- 10號墓60 僑～二户

0299 定 6

- 10號墓牘6 ～廿四石
- 10號墓牘6 ～十三石
- 10號墓24 户人～民
- 10號墓牘5正 正月～葬

0300 安 4

- 9號墓牘2正 ～陸守丞
- 9號墓牘3正 ～陸守丞
- 9號墓牘1正 ～陸守丞

0301 完 1

- 8號墓143 ～（紈）素一束

0302 實 1

- 8號墓136 ～=囊一

0303 宧 2

- 8號墓67 大婢益～
- 8號墓83 大奴～擢

0304 守 4

- 9號墓牘3正 安陸～丞
- 9號墓牘1正 安陸～丞

0305 宜

1

8號墓43
大奴～騎

0306 寄

2

10號墓36
～三

9號墓牘3背
～手

0307 害

1

10號墓38
不～二

0308 宋

3

10號墓35
～則二

10號墓40
～上一

10號墓牘2背
～則齊

穴部

0309 重 竈

2

竈 8號墓120
～一

疒部

0310 病

1

10號墓牘3背
～不行者

0311
瘓

1

168號墓64
食符～一

冖部

0312
冠

1

冠 168號墓53
～二枚

0313
冣

1

冣 9號墓19
大奴～御

冂部

0314
同

1

10號墓牘3背
勿與～舨

㒳部

0315
兩

7

168號墓牘1
車一～（輛）

168號墓9
牛車一～

168號墓52
曷履一～

巾部

0316
巾

9

8號墓 53
大婢紫承～

8號墓 54
素手～

8號墓 52
大婢緑承～

169號墓 53
～一

168號墓 48
繡～一

0317重
裠

5

8號墓 25
新素～一

8號墓 23
故縑～一

0318
帷

1

10號墓牘 1正
布～一

0319
席

3

8號墓 165
博～一具

168號墓 58
延～一

8號墓 166
筭＝～一

0320
布

5

8號墓 24
～禪裠一

10號墓牘 1正
～囊食一

10號墓牘 1正
～帷一

帛部

0321

錦

錦

11

8號墓136 囊一～

8號墓145 雧～繒一束

168號墓44 ～因各一

8號墓26 新～裠

8號墓139 黃卷囊二～

白部

0322

白

白

12

8號墓16 ～紗袍一

8號墓132 縑囊～稻米

8號墓133 縑囊～稻米

8號墓140 ～繡

10號墓牘8 粢～粟二斗

第八 人部——歙部

人部

0323
人

131

8號墓 56 大婢留～

10號墓 10 能田一～

10號墓 11 能田一～

10號墓 33 能田二～

168號墓 6 美～女子

169號墓 1 御一～

169號墓 6 謁者一～

0324
伯

12

10號墓牘 3 背 張～

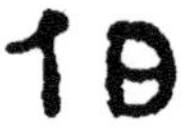
10號墓 116 司馬～

10號墓牘 3 背 陳～

10號墓 118 五翁～

10號墓 39 佷～

0325
仲

2

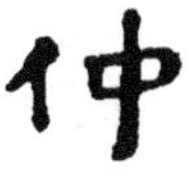
10號墓牘 2 正 載翁～

0326 儋

2

10號墓47
～行

10號墓60
～字二户

0327 備

2

備10號墓牘3背
會錢～

10號墓牘3背
不～

0328 傅

1

168號墓38
～蘚后一合

0329 侍

12

10號墓牘3背
直行共～

10號墓牘3正
中舨共～約

8號墓57
大婢女索～

8號墓60
大婢笥來～

0330 付

27

10號墓122
十五日～

10號墓牘4正・3
正偃～西鄉偃

10號墓113
十六日～

10號墓118
～五翁伯

10號墓114
廿二日～

0331 作

1

8號墓77
大奴熊～造

0332 侵

1

168號墓 51 系〻～（綅）各一

0333 任

2

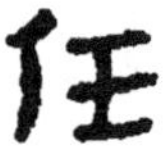

10號墓 58 ～但二户

10號墓 35 ～甲二

0334 傳

3

10號墓牘 4 背 ～送

0335 倀

5

10號墓 80 ～（張）時

10號墓 78 ～（張）母訾

0336 偃

29

10號墓牘 4 背・5 付西鄉～

10號墓牘 4 正・3 付西鄉～

10號墓牘 4 正・4 付西鄉～

0337 傷

4

167號墓 31 ～（觴）桮卌枚

8號墓 108 ～（觴）杯卌

0338 但

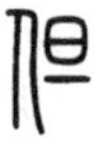

2

10號墓 84 朱～

10號墓 58 任～二户

0339 偶

1

8號墓 88 右方～人藉

0340
件
𠇘(小篆)
1

169號墓2
~（牛）者一人

0341
佐
17

10號墓牘4正・2
~賜

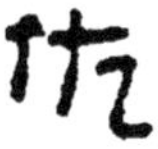
10號墓牘4正・4
~賜

10號墓牘4正・7
~賜

10號墓4背・4
~纏吏奉

从部

0342
從
8

8號墓40
小奴堅~車

8號墓48
大奴不敬~

8號墓49
大奴禄~

比部

0343
比
2

10號墓牘3背
罰~不會

㐺部

0344 眾

2

8號墓75
大奴～

壬部

0345 朢

1

10號墓牘1正
～笥一

衣部

0346 衣

9

167號墓7
繡～

167號墓8
繡～

8號墓5
新白襌～一

0347 襲

1

8號墓15
素前～一

0348 袍

7

8號墓19
故錦～一

8號墓21
黃早～一

8號墓16
白紗～一

0349
複

2

8號墓8
~襦一

0350
袁

1

10號墓牘2正
~兄五十

0351
襦

4

8號墓8
複~一

8號墓10
新素襌~一

0352
襌

8

8號墓4
故布~衣二

8號墓4
故布~衣二

8號墓5
新白~衣一

0353
衾

2

8號墓29
故錦~一

0354
雜

2

襍 8號墓144
~繒一束

8號墓145
~錦繒

老部

0355
孝

2

8號墓79
大奴~擢

10號墓37
男~

尺部

0356 尺

5

167號墓27 ～卑匳六枚

10號墓牘1正 ～卑＝一具

168號墓22 ～卑匳五隻

履部

0357 履

4

168號墓55 丝～一两

168號墓56 素～二两

168號墓52 舄～一两

舟部

0358 船

2

168號墓10 ～一樓

8號墓78 ～一樓

0359 服

1

8號墓81 大奴～擢

0360 舨

10

10號墓牘3正 中～共侍約

10號墓牘3背 相與爲～

10號墓牘3背 ～吏令會

方部

0361
方

7

8號墓88
右～

8號墓170
右～五殻□

10號墓40
女～

168號墓19
～平槃一

儿部

0362
兒

1

169號墓10
小～一人

兄部

0363
兄

4

10號墓牘2正
胡～五十

10號墓牘2正
袁～五十

欽部

0364

歙

2

8號墓 104
一半～栀一

第九 首部——彡部

首部

0365

首

2

10號墓 56
~右

8號墓 37
豹~車絪

県部

0366

縣

1

9號墓牘 3 正
受~中

司部

0367

司

2

10號墓 113
付~馬伯

10號墓 116
~馬伯

卮部

0368 卮

卮

7

169號墓13　小～一

168號墓38　傅蘚～一合

168號墓37　醬～一合

卩部

0369 令

令

3

10號墓牘3背　舨吏～會

10號墓牘1背　以律～從事

168號墓牘1　可～吏以從事

0370 卷

卷

3

8號墓140　黃～囊一

8號墓141　黃～囊一

8號墓139　黃～囊二

茍部

0371 敬

敬

4

10號墓91　□～

10號墓107　受～里錢

8號墓48　大奴不～從

广部

0372

庫

1

10號墓60
～

0373

廅

1

8號墓61
大婢～養

厂部

0374

厭

2

瘷～ 10號墓85

石部

0375

石

60

10號墓牘6
十二～

10號墓牘7
一～一斗

167號墓39
一～缶二枚

167號墓61
稻糲米二～

8號墓126
一～一斗

8號墓127
一～一斗

8號墓128
一～三斗

8號墓129
一～三斗

長部

0376

長

4

10號墓牘1正
布帷一~丈四

10號墓牘3背
中舨=~張伯

9號墓牘2正
受郡中~牧

勿部

0377

勿

1

10號墓牘3背
不備~與同

而部

0378

而

1

10號墓牘3背
會~計不具者

豚部

0379 重

豚

1

10號墓牘1正
~二

豸部

0380

豹

2

8號墓37
～首車絪

第十　馬部——心部

馬部

0381 馬（16）

- 9號墓牘1正　爲郡買～
- 10號墓116　司～伯
- 8號墓38　～二匹
- 168號墓2　～二匹
- 167號墓2　驪垪～二匹
- 168號墓牘1　騎～四匹

0382 駒（1）

- 10號墓72　智～

0383 驪（1）

- 169號墓5　～牡馬二匹

0384 驑（2）

- 167號墓2　～垪馬二匹
- 駠　168號墓牘1　～馬二匹

0385 騎	0386 騈	犬部	0387 犬	0388 狀	0389 獾	能部	0390 能
5	1		2	1	1		25
168號墓牘1 ~馬四匹	10號墓30 户人~		8號墓38 ~二	8號墓84 大奴~	8號墓50 大奴~從		10號墓10 ~田一人
8號墓44 大奴壐~			169號墓38 白~一				10號墓17 ~田三人
							10號墓12 ~田二人

熊部

0391

熊

1

8號墓77
大奴～

黑部

0392

黑

8

8號墓109
～杯廿

8號墓100
～中脯檢

8號墓86
牛一匹名～

10號墓牘2背
陳～

168號墓31
～杯卌

10號墓40
～一

炙部

0393

炙

1

167號墓21
～皐匽

赤部

0394

赤

赤

6

8號墓141

~繡

8號墓111

食~杯十

167號墓51

~繡

10號墓53

~行

大部

0395

大

大

112

167號墓12

~奴四人

8號墓81

~奴服擢

8號墓41

~奴甲車豎

8號墓43

~奴宜騎

8號墓56

~婢留人

8號墓48

~奴不敬從

168號墓50

~米囊七

168號墓25

~蹱一

168號墓5

~奴

8號墓84

~奴狀擢

168號墓4

~奴

夭部

0396 奔

2

8號墓65 大婢～操柤

壺部

0397 壺

6

168號墓26 大～一隻

8號墓91 一斗～

167號墓26 三斗～

8號墓92 三斗～

168號墓27 小～一隻

169號墓26 木～一隻

立部

0398 立

1

10號墓16 户人～

心部

0399	0400	0401	0402	0403
息	意	慶	悍	⿰忄奮
1	1	1	1	2
8號墓45 大奴~謁	9號墓14 ~田操相	10號墓39 男~	10號墓牘2正 靳~	⿱奮心 10號墓牘4背·4 西鄉佐~

第十一　水部——非部

水部

0404 江	0405 溥	0406 汜	0407 澤	0408 決	0409 潒

1	2	1	3	1	2
 168號墓牘1 ~陵丞	 8號墓169 ~土一	 10號墓牘2正 ~氏五十	 10號墓88 ~之	 10號墓125 ~鄉至十月十日	 167號墓40 ~甖二枚
			 8號墓117 ~（醳）罌一		 8號墓119 ~瓶

0410
沐

1

9號墓墓38
～甖一

0411
汲

1

8號墓122
～甕二

0412
浣

1

8號墓94
～槃一

仌部

0413
冶

1
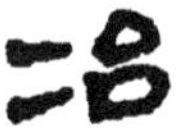
10號墓14
户人獻～

魚部

0414
魚

6

167號墓66
固～一枚

168號墓33
～杯廿枚

9號墓44
～一篋

8號墓158
～五枚

8號墓155
～=笿一

169號墓50
～莤一

非部

0415

非

2

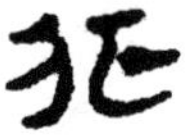

10號墓牘3背
～前謁

10號墓牘3背
～其器物

第十二 不部——弓部

不部

0416

不

10

10號墓牘3背 器物～具

10號墓牘3背 罰比～會

10號墓38 ～害二

10號墓18 户人～章

8號墓48 大奴～敬從

至部

0417

至

1

10號墓125 ～十月

西部

0418

西

16

10號墓牘4背・7 正偃付～鄉偃

10號墓牘4正・7 正偃付～鄉偃

10號墓牘4正・8 正偃付～鄉偃

戶部

0419 戶

43

10號墓17
～人越人

10號墓20
～人虜能

10號墓46
～遺人

10號墓49
昆論二～

10號墓58
任但二～

10號墓60
儋字二～

0420 扇

3

167號墓64
～一枚

168號墓57
～二

門部

0421 閻

1

10號墓墓2正
～翁仲五十

0422 閬

1

10號墓69
楊～

耳部

0423 聖

聖 — 3

- 10號墓76　王～
- 10號墓10　户人～
- 10號墓51　～二户

手部

0424 手

手 — 4

- 9號墓牘3背　寄～
- 8號墓54　素～巾
- 9號墓牘1背　郢人～

0425 持

持 — 4

- 167號墓16　～釪
- 167號墓14　小奴一人～□
- 167號墓15　大奴一人～鍤

0426 操

操 — 25

- 9號墓12　～柤
- 9號墓14　～柤
- 9號墓22　～鉤
- 8號墓69　～柤
- 8號墓76　～□
- 8號墓68　～柤

0427 承

承 — 7

- 8號墓55　大婢縛～疎
- 8號墓53　大婢紫～巾
- 8號墓52　大婢綠～巾

0428 擅

擅 — 1

- 10號墓牘3背　器物～取之

0429 擢 6

- 8號墓 80 大奴虞人～（櫂）
- 8號墓 84 大奴狀～（櫂）
- 8號墓 83 大奴宦～（櫂）

女部

0430 女 29

- 9號墓 12 大婢～巳
- 167號墓 6 侍～子二人
- 167號墓 10 ～子二人
- 168號墓 6 美人～子
- 10號墓 35 一男一～

0431 姚 2

- 10號墓 37 ～是三

0432 母 2

- 10號墓 36 張～三

0433 婢 36

- 8號墓 59 大～畜侍
- 168號墓牘 1 大～益
- 167號墓 10 大～
- 8號墓 69 大～幸金
- 8號墓 53 大～紫承巾
- 8號墓 52 大～緑承巾

0434	0435	0436	0437	0438
奴	好	婧	嬰	㚻
55	1	1	1	1
168號墓 6 大～	10號墓 49 ～昆論	10號墓 93 ～	169號墓 35 ～（罌）二枚	10號墓 51 ～
8號墓 56 大～留人				
8號墓 41 大～甲				
8號墓 43 大～宜騎				
8號墓 49 大～禄從				
10號墓 79 倀～				
8號墓 83 大～宧				
8號墓 80 大～虞人				
168號墓 4 大～				
167號墓 15 大～一人				

毋部

0439

毋

6

10號墓41

~寇三

10號墓72

~智

10號墓73

楊~智

10號墓牘3背

罰日卌~

氏部

0440

氏

1

10號墓牘2正

氾~五十

戈部

0441

戟

2

9號墓9

操~

乚部

0442

直

13

10號墓牘3背
~行共侍

10號墓120
~（值）百

10號墓118
~（值）百六十

167號墓57
~（值）二千萬

亾部

0443

亾

1

亡 10號墓牘3背
毀傷之及~

匚部

0444

匹

12

8號墓38
馬二~

8號墓86
牛一~

168號墓2
馬二~

169號墓5
馬二~

168號墓牘1
馬四~

匚部

0445 篋

5

8號墓50 肉～一合

⿱艹⿷匚古 169號墓51 采～一

0446 ⿷匸虒

16

167號墓21 炙卑～（榹）

167號墓37 膾卑～（榹）

167號墓36 卑～（榹）一隻

168號墓21 卑～（榹）一隻

168號墓22 卑～（榹）五隻

瓦部

0447 瓦

4

167號墓38 ～盂一枚

8號墓125 ～器藉

10號墓牘1正 ～器

0448 甗

2

167號墓46 ～一枚

0449

甖

6

167號墓40
滌～二枚

167號墓44
酒～二枚

9號墓37
將～一

弓部

0450

張

5

10號墓牘3背
～伯

10號墓牘2正
～母

第十三　糸部——力部

糸部

字頭	小篆	數量	字形
0451 緒		2	 167號墓35 ～（紵）卑匳一隻
0452 純		2	 8號墓127 ～囊稻秫米
0453 約		3	 10號墓牘3背 相與爲贩～  10號墓牘3正 共侍～
0454 纏		4	 10號墓牘4背·2 佐～傳送  10號墓牘4背·3 佐～吏奉  10號墓牘4正 佐～傳送
0455 給		2	 10號墓牘5正 ～轉費  10號墓牘6 六升～當
0456 終		1	 10號墓75 王～古

0457	0458	0459	0460	0461	0462	0463	0464
繒	綺	縑	縞	繡	緑	綰	紫
5	5	9	1	14	2	1	3
8號墓 145 雟錦～一束	8號墓 137 熏=囊一～	8號墓 129 ～囊稻米	169號墓 54 ～大因一	8號墓 140 白～	8號墓 52 大婢～承巾	9號墓牘 2 正 ～敢言	9號墓 7 大婢～
8號墓 142 ～二束	8號墓 146 蒼～五縠	8號墓 133 ～囊白稻米		8號墓 141 赤～			8號墓 53 大婢～承巾
167號墓 57 ～笥合	8號墓 18 ～袍二	8號墓 128 ～囊粢米		167號墓 8 ～衣			

	0465 重	0466	0467	0468	0469	0470	0471
	綦	緣	絝	繕	纍	績	紗

	1	2	2	1	3	1	1
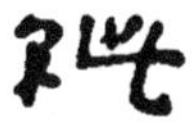 紕 167號墓 4 ～（紫）蓋一	 8號墓 165 ～（棋）桐	 10號墓 37 女～	 8號墓 12 布襌～（袴）	 10號墓牘 5正 ～兵	 10號墓 74 楊～  8號墓 75 操～  8號墓 74 操～	 8號墓 54 ～緣	 8號墓 16 白～袍一

0472
絪

1

8號墓 37
豹首車～（茵）

素部

0473
素

12

8號墓 143
完～一束

167號墓 56
～履二兩

167號墓 56
～繡囊一

絲部

0474
絲

1

168號墓 55
～履一兩

虫部

0475
蟄

2

8號墓 49
～（執）循

8號墓 50
～（執）循

龜部

0476 龜

1

8號墓51
~循一

卵部

0477 卵

7

8號墓99
小~檢一合

8號墓147
~笿一

168號墓11
~盛三合

168號墓16
~小檢一合

二部

0478 二

181

8號墓107
柯~雙

9號墓牘2正
~牒

10號墓20
能田~人

8號墓129
一石三斗~

167號墓40
[illegible][illegible]~枚

168號墓36
~合

168號墓53 冠～枚

167號墓59 ～石

10號墓53 晨～户

0479 凡 𠘧 27

8號墓88 ～卌九

8號墓175 ～百廿三

10號墓牘6 ～卌一石

10號墓牘1正 ～十三物

10號墓41 ～十葬

10號墓45 ～十

10號墓125 ～三月

10號墓120 ～百卌

土部

0480 土 土 6

8號墓169 溥～一

168號墓66 簿～二

167號墓58 薄～一枚

0481 地 坔 2

168號墓牘1 敢告～下丞

0482 在 𡉚 4

168號墓54 ～棺中

168號墓55 ～棺中

168號墓56 ～棺中

0483重
坐

3

168號墓42
～案一

0484
墨

1

167號墓28
～[梧]廿枚

0485
垸

1

8號墓138
～=橐一

0486重
毀

1

10號墓牘3背
器物～傷

里部

0487
里

14

10號墓牘4背·9
鄭～二月

10號墓100
平～

10號墓9
鄭～稾藉

0488
野

3

10號墓13
户人～

10號墓35
男～人

10號墓35
～人四

田部

0489
田
62

- 10號墓10　能~一人
- 10號墓34　能~三人
- 10號墓18　能~四人
- 10號墓33　~廿畝
- 9號墓11　~

0490重
畝
25

- 10號墓20　田廿~
- 10號墓11　田十~
- 10號墓29　田廿一~

0491
當
12

- 10號墓牘7　七升半~
- 10號墓牘6　六石~稾
- 10號墓牘7　一斗二升~

0492
畱
2

- 10號墓83　杜~
- 8號墓56　大婢~人

0493
畜
1

- 8號墓59　大婢~侍

黃部

0494
黃
7

- 8號墓141　~卷囊一
- 8號墓140　~卷囊一
- 10號墓87　~□

8號墓 21
~早袍一

10號墓 38
~□三

男部

0495
男

21

10號墓 41
一~一女

10號墓 35
一~一女

10號墓 38
一~一女

力部

0496
勝

1

10號墓 19
户人~

0497新
辨

1

167號墓 50
~醬一器

第十四 金部——戌部

金部

編號	字頭	篆文	數量	字形	出處
0498	金	金	5		167號墓56 盛萬九千~
					167號墓54 盛八千~
0499	鏡	鏡	1		鏡 168號墓14 ~一
0500	鋪	鋪	1		167號墓墓15 大奴一人持~
0501	錢	錢	29		10號墓牘4背·4 廿六~
					10號墓牘4正·4 九~九百
					10號墓4正·3 八~八百
					10號墓牘3背 責十~
					10號墓牘3背 罰百~
					168號墓65 ~四貫
0502	鈞	鈞	1		10號墓114 二~

0503 鈞

1

169號墓 28
銅～一

0504 釪

1

167號墓 16
持～

斤部

0505 所

2

10號墓 125
三月廿三日～出

0506 斯

1

10號墓 54
～二户

0507 新

10

8號墓 31
～素執一兩

10號墓 101
～（薪）一束

8號墓 17
～素袍二

斗部

0508 斗

61

8號墓 92
三～壺一雙

8號墓 129
一石三～

167號墓 34
二～檢一枚

0509 升

26

10號墓18 三石七~

10號墓14 一石八~

10號墓牘6 二~四升半

168號墓28 一~柙一

10號墓牘7 三斗六~

10號墓牘7 一斗二~

10號墓牘6 六斗九~

10號墓牘6 八斗三~

10號墓牘6 卌一石三斗七~

10號墓牘6 四石三斗七~

車部

0510 車

18

8號墓36 軺~一乘

8號墓40 小奴堅從~

168號墓牘1 牛~一兩

8號墓41 大奴甲~豎

168號墓1 案~一乘

169號墓1 軺~一乘

168號墓17 大~檢

0511
軺

5

167號墓1
~一乘

169號墓1
~車一乘

8號墓36
~車一乘

0512
載

3

10號墓牘2正
~翁仲七十

8號墓85
牛車一乘~

0513
轉

1

10號墓牘5正
給~費

0514
輸

1

10號墓33
户人□~

𠂤部

0515
官

2

10號墓51
上~巴人

10號墓44
上~兄二

𨸏部

0516
陵

1

168號墓牘1
江~丞

0517 陽

陽

19

168號墓牘 市～五

10號墓牘4正·7 市～四月

10號墓牘4背·5 市～五月

0518 陸

陸

3

9號墓牘2正 安～守丞

9號墓牘3正 安～守丞

0519 陳

陳

2

10號墓牘3背 ～伯

0520 陶

陶

1

10號墓墓2正 ～仲五十

0521 除

除

2

10號墓40 ～二

8號墓76 大奴良～

䏭部

0522 重 隧

隊

1

隊 168號墓墓1 市陽五大夫～

四部

0523

四

82

167號墓 20
盂～枚

10號墓 100
～月丁巳

10號墓 118
九月～日

10號墓 124
五絜=～

10號墓牘 6
二斗～升

10號墓 18
能田～人

168號墓 65
錢～貫

168號墓 45
卌～牒

168號墓 8
男女各～人

五部

0524

五

71

8號墓 97
～雙

10號墓 115
付～翁

10號墓 111
百六十～

10號墓 118
付～翁伯

168號墓 22
～隻

167號墓 55
～穀囊一

8號墓 170
～殸

169號墓 46
～隻

六部

0525

六

49

10號墓17
口～人

10號墓105
～百九十八

10號墓125
～月十六日

10號墓牘4正
八百九十～

10號墓牘7
三斗～升半

9號墓牘3正
十～年

七部

0526

七

20

10號墓9
六十一石～斗

10號墓119
九月～日

168號墓50
大米囊～

九部

0527

九

36

10號墓牘4正·5
百～箅

10號墓牘4正
～錢九百

10號墓牘4正
九錢～百

10號墓120
九月～日

10號墓105
～十八

167號墓56
～千金

内部

0528

萬

2

167號墓 56　盛～九千金

167號墓 57　直二千～

甲部

0529

甲

3

10號墓 100　撩～人

10號墓 35　任～二

8號墓 41　大奴～車豎

乙部

0530

乙

2

10號墓 47　敦～二户

丁部

0531

丁

3

10號墓 102　四月～巳

10號墓 100　四月～巳

10號墓 125　十六日～卯

戊部

0532
戊
3

9號墓牘3正
~申朔

9號墓牘1正
~申朔

0533
成
2

10號墓90
~都

10號墓61
士樹行~

巴部

0534
巴
1

10號墓51
上官~人

庚部

0535
庚
1

168號墓牘1
五月~辰

辛部

0536

辛

2

10號墓牘3背 三月～卯

辡部

0537

辯

1

10號墓38 女～

壬部

0538

壬

3

9號墓牘1正 ～戌

9號墓牘3正 ～戌

子部

0539

子

10

167號墓8 養女～二人

167號墓7 侍女～二人

10號墓56 士～行

168號墓3
男～四人

169號墓9
養女～一人

0540
季

2

10號墓牘2正
王翁～五十

10號墓牘2正
姚～五十

𠫓部

0541
疏

3

踈
8號墓55
縛承～（梳）

8號墓56
留人承～（梳）

寅部

0542
寅

1

10號墓37
～三

卯部

0543
卯

2

10號墓牘3背
三月辛～

辰部

0544
辰

3

10號墓41
男~

168號墓牘1
五月庚~

10號墓41
壯~四

巳部

0545
巳

4

9號墓12
大婢女~

10號墓102
四月丁~

10號墓54
~（已）行

0546
㠯

2

以 168號墓牘1
可令吏~從事

申部

0547
申

2

9號墓牘2正
戊~

9號墓牘1正
戊~朔

酉部

0548 酒

酒　7

- 10號墓100　~二石四斗
- 167號墓48　酤~一器
- 8號墓163　甘~一觴
- 10號墓牘1背　~柙二斗一
- 167號墓44　~⿱䀠比二枚

0549 醪

醪　2

- 169號墓26　盛~

0550 酤

酤　1

- ⿰古酉　167號墓48　~酒一器

0551 醬

醬　13

- 8號墓110　~杯廿
- 8號墓162　肉~一觴
- 8號墓161　⿰豆扁~一觴
- 168號墓37　~后一合
- 167號墓47　肉~一器
- 167號墓50　辦~一器
- 169號墓35　盛肉~
- 169號墓16　~梧五隻

戌部

0552

戌

3

9號墓牘2正

壬~

9號墓牘3正

壬~

合文

0001 七十 10

10號墓牘4正 八百～二

10號墓牘4背 二月～二

10號墓116 直～六

0002 大夫 2

168號墓牘 市陽五～=

筆畫序檢字表

一　本檢字表，供檢索《鳳凰山漢簡字形譜》單字的所有字頭和字頭下的俗寫異體用，由此可檢閱到相關字頭下的全部内容。由於合文數量較少，故不再附於本檢字表中。

二　表中被檢字首先按筆畫排列，筆畫相同的字再按筆順（一、丨、丿、丶、乙）之序排列。

三　每一字頭之後是該字在字形譜中的字頭序號——四位阿拉伯數字或四位阿拉伯數字加「重」，或四位阿拉伯數字加「新」。例如：「甲　0529」表示「甲」的字頭序號爲「0529」。

四　鑒於有些字頭和字頭下的俗寫異體較爲生僻，爲便於檢索，本檢字表專門列出了與這些生僻字所對應的通行體，即通過檢索某一生僻字所對應的通行體，也可檢索到該生僻字。具體詳《凡例》第十四條。

一畫

一 0001　士 0010　子 0539　壬 0538　毋 0439　目 0546

乙 0530　土 0480　女 0430　升 0509

二畫

下 0005重

二 0478　寸 0114　王 0009　分 0188

十 0068　丈 0069　廿 0072　今 0035

丁 0531　大 0395　木 0206　公 0036

七 0526　上 0003重　五 0524　月 0274

八 0034　小 0032　不 0416　戶 0419

入 0191　口 0043　犬 0387　氏 0440

人 0323　巾 0316　匹 0444　勿 0377

九 0527　千 0070　比 0343　六 0525

又 0100　及 0103　瓦 0447　方 0361

三畫

凶 0443　少 0033　斗 0508

三 0008　凡 0479　日 0270　尺 0356

于 0171　亡 0443　中 0011　巴 0534

亏 0171　之 0239　牛 0039　以 0546

　　　　巳 0545　手 0424　予 0133

四畫

五畫

正 0051　生 0242

邛 0267　付 0330

甘 0167　白 0322

卋 0074　厄 0368

古 0067　令 0369

可 0169　卯 0543

右 0101　主 0182

石 0375　市 0198

布 0320　立 0398

戊 0532　半 0038

平 0172　氾 0406

甲 0529　司 0367

申 0547　出 0240

田 0489　奴 0434

兄 0363　母 0432

四 0523

六畫

耒 0147
帀 0074
地 0481
共 0090
朹 0235
臣 0111
吏 0002
西 0418
戌 0552
在 0482
百 0125
有 0277
而 0378
成 0533
至 0417
早 0272
同 0314
因 0250
肉 0137
年 0289
朱 0214
缶 0192
竹 0150
延 0061
仲 0325
件 0340
任 0333
行 0062
合 0187
名 0044
各 0046
多 0278
衣 0346
米 0294
江 0404
汲 0411
宇 0298
守 0304
安 0300
丞 0087
好 0435

七畫

叔 0146
坏 0040
赤 0394
孝 0355
卌 0073
芥 0029
芬 0012重
杅 0216
杇 0216
杜 0209
杖 0224
杞 0236
李 0208
車 0510
束 0244
豆 0174
辰 0544
貝 0252
里 0487
足 0064
男 0495
牡 0040
告 0042
利 0143
兵 0088
佐 0341
但 0338
作 0331
伯 0324
余 0037
坐 0483重
角 0149
卵 0477
言 0075
辛 0536
冶 0413
沐 0410
決 0408
完 0301
宋 0308
良 0199
即 0184
奻 0438

八畫

奉 0086
青 0183
盂 0177
長 0376
者 0123
幸 0396
其 0166重
取 0104
苽 0021
直 0442
苛 0153
苘 0154
杯 0219
枇 0210
枚 0215

杍 0223
事 0106
兩 0315
奇 0170
來 0201
非 0415
具 0089
昆 0273
固 0251
困 0248
牧 0119
物 0041
季 0540
侍 0329
兒 0362
卑 0105
所 0505
舍 0189
金 0498
采 0231
受 0135
服 0359
炙 0393
庚 0535
卷 0370
定 0299
宜 0305
官 0515
肩 0138重
承 0427
狀 0388

九畫

持 0425
某 0212
等 0152
革 0095
茜 0020
茋 0445
故 0116
胡 0139
柯 0225
相 0122
柤 0217
柙 0232
柷 0228
栂 0207
貞 0120
郢 0265
則 0144
曷 0168
竽 0160
侵 0332
律 0058
食 0185
負 0256
計 0080
美 0129
送 0053
前 0049
首 0365
宦 0303
冠 0312
郡 0261
除 0521
姚 0431
臬 0297
約 0453

十畫

素 0473
馬 0381
袁 0350
㱿 0113
都 0262
垸 0485
毄 0113
莽 0161
莫 0031
栝 0226
索 0241
夏 0202
冓 0049
時 0271
盎 0180
造 0052
乘 0205
秫 0285
租 0291
卺 0396
倀 0335
脩 0141
叟 0127
射 0196重
息 0399
舨 0360
郚 0134
釜 0098重
豹 0380
衾 0353
翁 0126
留 0492
芻 0028
畝 0490重

十五畫（承前）

賷 0025　檳 0238　豎 0110　賢 0253　齒 0063　槀 0288　賜 0255　閻 0422　墨 0484　稻 0286　簾 0445　篹 0158　落 0157　儋 0326　樂 0227　歆 0364　論 0077

十六畫

緣 0466　隧 0522重　陵 0522重　履 0357　慶 0401　器 0066　閭 0421　薄 0024　樹 0213　駢 0386　操 0426　擅 0428　輸 0514　橐 0245　騙 0175　盧 0179　縣 0366

十七畫

藍 0017　薰 0018　檻 0222　矯 0124　錢 0501　錦 0321　謁 0076　辨 0497新　澤 0407　鮨 0204　縞 0460　縑 0459　戴 0092　蟄 0475　擢 0429　藉 0026　鞠 0096

十八畫

雞 0128　雙 0131　嬰 0437　檢 0229　甕 0476　傷 0158　積 0293　膽 0142　鎔 0500　癜 0374　禪 0352　蕻 0354　繢 0470　暴 0243　騎 0385

十九畫

謹 0078　雜 0354　糯 0295　醬 0551　繾 0468　繒 0457　寵 0309重　蘇 0014　薑 0016　櫝 0218

二十畫

蘇 0030　繡 0461　襦 0351　懦 0403　鏡 0499　轉 0513　醪 0549

二十一畫

鬚 0243　纍 0469　籬 0164　辯 0537　竈 0309重　躓 0065　獾 0389　贔 0448

《説文》序檢字表

一　本檢字表，供檢索《鳳凰山漢簡字形譜》單字的所有字頭和字頭下的俗寫異體用，由此可檢閲到相關字頭下的全部内容。由於合文數量較少，故不再附於本檢字表中。

二　表中被檢字見於《説文》者，按大徐本《説文》字序排列，分别部居；未見於《説文》者，按偏旁部首附於相應各部後。

三　每一字頭之後是該字在字形譜中的字頭序號——四位阿拉伯數字或四位阿拉伯數字加「重」，或四位阿拉伯數字加「新」。例如：「甲　0529」表示「甲」的字頭序號爲「0529」。

一部
一　0001
吏　0002
丄部
上　0003重
旁　0004
下　0005重
示部
禄　0006
福　0007
三部
三　0008
王部
王　0009
士部
士　0010
丨部
中　0011
屮部
芬　0012重
熏　0013
艸部
蘇　0014
葵　0015
薑　0016
藍　0017
薰　0018
蒲　0019
茜　0020
苽　0021
菌　0022
蒼　0023
薄　0024
萯　0025
萯　0025
藉　0026
葢　0027
芻　0028
芥　0029
蘚　0030
茻部
莫　0031
小部
小　0032
少　0033
八部
八　0034
分　0035
公　0036
余　0037
半部
半　0038
牛部
牛　0039
牡　0040
垪　0040
物　0041
告部
告　0042
口部
口　0043
名　0044
唐　0045
各　0046
吅部
單　0047
走部
越　0048
止部
歬　0049
前　0049
步部
歲　0050
正部
正　0051
辵部
造　0052
送　0053
遣　0054
逮　0055
彳部
循　0056
得　0057
律　0058
御　0059
偞　0060
㢟部
延　0061
行部
行　0062
齒部
齒　0063
足部
足　0064
蹱　0065
㗊部
器　0066
古部
古　0067
十部
十　0068
丈　0069

汲　0411
浣　0412
仌部
冶　0413
魚部
魚　0414
非部
非　0415
不部
不　0416
至部
至　0417
西部
西　0418
戶部
戶　0419
扇　0420

門部
閣　0421
闌　0422
耳部
聖　0423
手部
手　0424
持　0425
操　0426
承　0427
擅　0428
擢　0429
女部
女　0430
姚　0431
母　0432
婢　0433

奴　0434
好　0435
婧　0436
嬰　0437
奻　0438
毋部
毋　0439
氏部
氏　0440
戈部
戟　0441
乚部
直　0442
亾部
亾　0443
匸部
匹　0444

匚部
篋　0445
茝　0445
匱　0446
瓦部
瓦　0447
甗　0448
甖　0449
弓部
張　0450
糸部
緒　0451
純　0452
約　0453
纏　0454
給　0455
終　0456

繒　0457
綺　0458
縑　0459
縞　0460
繡　0461
綠　0462
綰　0463
紫　0464
紕　0464
綦　0465重
緣　0466
絝　0467
繕　0468
纍　0469
績　0470
紗　0471
絪　0472

素部
素　0473
絲部
絲　0474
虫部
蟄　0475
黽部
黿　0476
卯部
卯　0477
二部
二　0478
凡　0479
土部
土　0480
地　0481
在　0482

坐 0483重
墨 0484
垸 0485
毀 0486重

里部

里 0487
野 0488

田部

田 0489
畝 0490重
當 0491
畱 0492
畜 0493

黃部

黃 0494

男部

男 0495

力部

勝 0496
辦 0497新

金部

金 0498
鏡 0499
鐃 0499
錘 0500
錢 0501
鈞 0502
釣 0503
釪 0504

斤部

所 0505
斯 0506
新 0507

斗部

斗 0508
升 0509

車部

車 0510
軺 0511
載 0512
轉 0513
輸 0514

𠂤部

官 0515

𨸏部

陵 0516
陽 0517
陸 0518
陳 0519
陶 0520
除 0521

𨺅部

隧 0522重
隊 0522重

四部

四 0523

五部

五 0524

六部

六 0525

七部

七 0526

九部

九 0527

内部

萬 0528

甲部

甲 0529

乙部

乙 0530

丁部

丁 0531

戊部

戊 0532
成 0533

巴部

巴 0534

庚部

庚 0535

辛部

辛 0536

辡部

辯 0537

壬部

壬 0538

子部

子 0539
季 0540

𠫓部

疏 0541
踈 0541

寅部

寅 0542

卯部

卯 0543

辰部

辰 0544

巳部

巳 0545
目 0546
以 0546

申部

分譜之七

孔家坡漢簡字形譜

説明

一　本字形譜所收之字源自文物出版社二〇〇六年出版的《隨州孔家坡漢墓簡牘》之圖版，含木牘一枚，竹簡五百八十六枚（包括殘簡和無字簡）。

二　字頭共有單字六百六十一個，合文三個。

三　辭例所標出處悉依《隨州孔家坡漢墓簡牘》，數字表示簡號，簡號之前爲篇名。例如：「日書127」表示《日書》第127號簡，「日書384貳」表示《日書》第384號簡第貳欄，「殘2」表示未編聯簡第2號簡，「曆日24」表示《曆日》第24號簡，「告地書正」「告地書背」分別表示《告地書》木牘的正面和背面。

單字

第一　一部——茻部

一部

0001 一

一

83

日書 416 行而雲～天下旱

日書 380 貳 ～月

日書 135 壹 出～入百

日書 141 叁 ～日

日書 152 貳 廿～日

日書 297 壹 十～年

日書 382 貳 卅～年

日書 382 貳 ～曰八十年庚寅死

日書 384 貳 六十～年

日書 384 貳 ～日

日書 386 貳 ～日

日書 333 失南～里

0002 天

天

9

日書 150 壹 ～子

日書 179 ～地

日書 352 壹 其祟～土

0003

吏

𠭁

5

日書352叁
~牢

日書416
~下

日書458
~不足西方

日書458
~柱

日書428貳
~人炊

日書430貳
~高者

日書234
胃去廷~發者有

日書61
大~

上部

0004 重

上

丄

19

日書108
~旬

日書140叁
~右方

日書141叁
~右方

日書244
~旬甲乙

日書244
~旬丙丁

日書244
~旬庚辛

日書369
以~大辟臧

日書379貳
~君

日書410
~旬

日書 427 貳
青禾爲～

日書 429 貳
赤禾爲～

0005
帝

5

日書 108
～以此日開

日書 269
～毀丘之日

日書 397
～啓百虫口日也

日書 413
黃～禾爲

0006 重
下

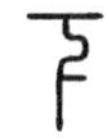
17

日書 109
～降央

日書 367
糞蔡～

日書 372
瓦器～

日書 373
草木～

日書 376
草木～

日書 377
襄～

日書 378
壞垣～

日書 410
～旬

日書 410
～歲

日書 416
天～旱

日書 428 貳
黃～

日書 429 貳—430 貳
黃中白～

日書 434 貳
黃～

日書 436 貳
黃～

日書 445 肆
三以辛朔～田收

日書 478
～不聽

示部

0007 禮

1

日書 393
以～傷

0008 祀

12

日書 39
祠～

日書 44
祠～

日書 46
祠～

日書 65
祠～

0009 祠

23

日書 39
～祀

日書 44
～祀

日書 46
～祀

0010 祝

1

日書 340
～傷家

0011 禱

2

日書 392
～祠

0012

社

1

日書 226 貳 今日庚午爲雞血～

0013

桊

14

日書 351 壹 水～（患）

日書 352 壹 其～（患）天土

日書 350 壹 兵～（患）

三部

0014

三

138

日書 189 ～歲

日書 203 ～日

日書 207 叁 ～月

日書 175 貳 ～歲

日書 172 春～月

日書 157 貳 ～月

日書 151 壹 旬～

日書 113 壹 ～月

日書 108 ～月

日書 106 ～寸

日書 3 壹 ～月

日書 10 貳 ～日

日書 26 壹 ～月

日書 36 ～從官

日書 56 ～歲

日書93壹
~月

日書105
~寸

日書221
~尺

日書243
~月

日書251
~月

日書281貳
~歲

日書284貳
~世

日書291壹
~歲

日書288貳
~月

日書301壹
~人

日書327
~分

日書331
失南閒~家

日書335
~里

日書353叁
~曰耐

日書379貳
~日

日書383貳
~月

日書383貳
~日

日書417
~日

日書425
~日

日書426
冬~月

日書433壹
~穜

日書444貳
~以乙朔中稺爲

日書444叁
~以丙朔禾麻爲

日書444肆
~以丁朔歲户

日書445貳
~以己朔歲大爲

日書447
~日

日書451
~[illegible]

日書471
終日寒~執

王部

0015 王

1

日書437
兵西方耑~內

0016 皇

1

日書260
~神

玉部

0017 玉

2

日書375
~石

日書395
石=~=

0018 環

2

日書128壹
未~

士部

0019

壯

壯

4

日書103
～卯

丨部

0020

中

中

81

日書48
歲～

日書132叁
相～乃可用也

日書156壹
日～丁者老弱皆得

日書156壹
自日～到夜半

日書164壹
日～東吉

日書167壹
～夜南吉

日書163貳
日～吉

日書167貳
日～凶

日書300壹
其咎在里～

日書324
丙寅日～死

日書329
日～

日書331
日～

日書332
其日～東北閒一家

日書333
日～

日書335
日～

日書 365
食到隅～丁

日書 369
金於～

日書 376
園～

日書 377
糞蔡之～

日書 426
冬三月～

日書 427 貳
青禾爲上白～

日書 429 貳
赤禾爲上黄～

日書 445 壹
大～

日書 456
盛新瓦甕～

日書 444 貳
三以乙朔～稺爲

艸部

0021
藍

1

日書 453
澍～韭

0022
蘮

1

日書 419
是胃～虒風

0023
蔡

1

日書 367
糞～

0024 葢

9

- 日書 38 ～屋
- 日書 246 ～屋
- 日書 250 ～屋
- 日書 251 ～屋
- 日書 264 丙子築止～之皆吉
- 日書 278 貳 軌之～
- 日書 292 壹 ～之

0025 若

6

- 日書 39 ～以之
- 日書 182 壹 必彼刑～亡
- 日書 307 寡夫～寡婦
- 日書 369 東臧之史耳～
- 日書 478 ～有大事

0026 芻

1

- 日書 374 ～稾

0027 重 折

3

- 日書 414 發屋～木
- 日書 458 天柱乃～

0028 苟

1

- 日書 110 ～毋直臨日

0029 蒿

蒿

1

日書 398
田多～

0030 草

草

7

日書 373
～木

日書 376
～木

日書 472
～木

日書 468
～木

日書 475
～木

0031 萅

萅

25

春
日書 101
～秋

日書 144 壹
～三月乙丑

日書 172
～三月戌

日書 243
～三月甲乙

日書 268
～日未酉

日書 290 貳
～爲南門

曆日 16
立～

茻部

0032 莫

莫

16

日書 329
～（暮）食

日書 331
～東

日書 330
～（暮）食

0033

葬

7

日書 334
其～西北去室五步

日書 334
其～西北去家五步

日書 336
～（暮）食

日書 342
～（暮）食

日書 356 壹
～（暮）食

日書 441 貳
酉朔～（暮）殺

日書 471
～（暮）寒莫執

日書 333
戊己死巳～去室西

日書 187 壹
牝=日=以死及～

日書 65
不可以～

日書 189
可以～

第二 小部——足部

小部

0034

小

38

日書 34
~事果成

日書 109
其央~大必至

日書 113 壹
~時居辰

日書 115 壹
~時居午

日書 34
它事无~大盡吉

日書 39
~喪

日書 114 貳
~時左行毋數

日書 297 貳
~敫

日書 309
~子

日書 325
~子

日書 352 壹
四日~汗

日書 353 壹
三日~汗

日書 357 壹
~汗

日書 370
盜者~短

日書 399
~旱

日書 414
~人賣子

日書 414
~人流

日書 424
~童

0035
少
12

日書473 ~雨

日書473 ~虫

日書474 ~雨

日書474 ~徼

日書132叁 此與日色~長相參

日書281壹 ~

日書6貳 ~子

日書436貳 民~疾

日書333 失南一里~利於家

日書282壹 ~

日書328 ~莫去之

日書333 失南十里~利於家

日書335 去家五步~利於家

日書439壹 ~旱

八部

0036
八
45

日書8壹 ~月

日書78 ~月

日書100 ~月

0037

分

1

日書151壹
旬～

日書152壹
四月～日

日書153
八月旬～

日書101
～星

日書108
～月

日書195
～月

日書198
～月

日書199
十～日

日書202
七月～日

日書251
～桼

日書277貳
～歲

日書279貳
～歲

日書379貳
五十～年

日書380貳
六十～年

日書384貳
～月

日書384貳
～十九年

日書385貳
～日

日書413
入正月～日

日書448
～月

日書474
～月

日書145叁
可～異

0038 尚

1

日書 358 壹
鬼～行

0039 介

4

日書 41
～日

日書 27
申子～

日書 26 壹
午戌～

0040 必

97

日書 23
言盜～得

日書 46
～鬭見血

日書 47
～死

日書 109
其央小大～至

日書 141 壹
～死

日書 176 貳
不～棄

日書 194
以裁衣～衣絲

日書 200
～以獄事免

日書 212 叁
～居之

日書 267
己酉築室不死～亡

日書 280 貳
～施衣常

日書 281 貳
～昌以富

日書 282 貳
～爲巫

日書 288 壹
是主～

日書 300 壹
～見血

日書 301 壹
～有死者三人

日書 302 壹
～有火起

日書 325
小子～二人

日書 336 ~傷家

日書 306 叁 ~反代之

日書 306 叁 人~反賀之

日書 379 貳 ~爲上君

日書 420 ~戰

日書 473 ~星

日書 474 ~寒

釆部

0041

番

番

1

日書 34 ~昌

半部

0042

半

半

12

日書 37 ~見日

日書 55 貧富~

日書 82 夜~

日書 83 夜過~

日書 154 夜~

日書 155 夜~

日書156壹
夜～

日書329
乙亥夜～死

日書329
丙子夜～死

日書331
夜～

牛部

0043 牛

8

日書65
馬～

日書238
戊午不可殺～

日書22
馬～

0044 牡

2

日書186壹
～"日"

0045 牝

2

日書185壹
～月

0046 牢

4

日書352叁
天～

日書368
牛～中

0047 物

2

日書456
取禾穜數～各一

日書107
此～

口部

0048

口

7

日書369
象～

日書370
勉～

日書63
妻愛而～臭

日書372
其盜深目而鳥～

0049

味

1

鮇
日書461
是五～

0050

名

5

日書458
～東方而封之木

日書458
～南方而封之火

日書459
～中央而封之土

日書459
～北方而封之水

0051

吾

7

日書471
～已成矣

日書467
是胃～且臧

日書473
是胃～已長矣

日書475
是胃～已殺矣

0052 君

8

日書 414 ~子憂

日書 379 貳 必爲上~

日書 414 ~子憂

0053 命

7

日書 101 ~曰八星

日書 240 ~胃黄帝

日書 110 ~曰央蚤至

日書 414 ~曰飢

0054 問

2

日書 305 叁 不可以寧人及~疾

0055 唯

8

日書 283 貳 ~爲嗇夫

日書 283 貳 ~人盡出

殘 2 ~良日也

日書 297 壹 所利~賈市

0056 和

2

日書 463 必~陰陽

0057 咸

2

日書 111 貳 ~池以辛酉徙西方

0058 啻

啻（小篆）　6

- 日書427貳　青～（帝）主歲
- 日書429貳　赤～（帝）産
- 日書431貳　黃～（帝）主歲

0059 吉

吉（小篆）　82

- 日書169貳　日失～
- 日書159壹　中夜南～
- 日書65　入禾粟及爲囷倉～
- 日書165壹　中夜西～
- 日書166壹　日中北～
- 日書110　它雖不～
- 日書278貳　其主必爲僕屬～
- 日書288貳　以壬申午甲午築～
- 日書289貳　星斗牽="～
- 日書289貳　以甲申辰庚辰祠～
- 日書290貳　午築～
- 日書454　皆禾～日也

0060 周

周（小篆）　2

- 日書420　一曰四～是兵起

0061 各

各（小篆）　7

- 日書141叁　～居一日
- 日書221　穿地大深～三尺
- 日書456　～一斗粟
- 日書221　方男員女～坐之

哭部

0062 哀 1

日書 477 鬼火～

0063 哭 1

日書 183 壹 不可～臨聚眾合卒

0064 喪 7

日書 288 壹 ～家門乃多恙

日書 393 必復有～

日書 262 有女～

走部

0065 起 16

日書 434 貳 兵不～

日書 425 兵～在夏三月中

日書 302 壹 必有火～

日書 430 壹 兵～

止部

0066
止
8

日書 264 丙子築～（址）

日書 470 三月～寒於戌

日書 473 六月～雲翳於亥

日書 474 八月～陽氣

日書 475 ～子氣

0067
歬
6

前 日書 356 叁 多～

日書 130 叁 直～者死

日書 136 壹 左行～禺其

0068
歸
9

日書 424 是胃～老鄭

日書 150 壹 子日忌不可行及～

日書 142 壹 在行不可～

步部

0069
步
12

日書 374 善數～

日書 342 去室百～

日書 337 去室五～

日書 335 失東去家五～

日書 334 其莫西北去家五～

日書 326 去西北五～

日書 327 西北廿～

0070

歲

歲

51

- 日書 35　正月以朔～美
- 日書 48　以朝多雨～中有兵
- 日書 109　不出～
- 日書 175 貳　妻不出三～棄亡
- 日書 189　不出三～必有五喪
- 日書 278 貳　廿～其主必鳶僕屬
- 日書 279 貳　八～而更
- 日書 291 壹　三～弗更
- 日書 410　朔日雨～幾
- 日書 419　國有大～
- 日書 434 壹　未朔作駱司～
- 日書 440 壹　子朔有～
- 日書 458　～

此部

0071

此

此

17

- 日書 108　～日
- 日書 107　～物
- 日書 132 叁　以～與日色少長
- 日書 152 壹　凡～日亡不得
- 日書 352 叁　～天牢擊者
- 日書 209 叁　～胃九忌

日書236壹
～天剌不可祠及殺

正部

0072
正

70

日書34
～陽是胃番昌

日書152壹
～月七日

日書25
～月二月

日書241
～月

日書286貳
～月

日書412
入～月四日

日書414
～月戊己有北風

日書415
～月乙巳

日書418
～月朔日

日書425
～月旦西風

日書427壹
～月子朔

日書447
入～月一日=

日書468
刑～（政）亂

日書478
執～（政）置官不治

曆日30
～月大

日書1壹
～月

是部

0073

是

50

日書 44
陰日～胃作陰作陽

日書 34
正陽～胃番昌

日書 41
介日～胃其群不拜

日書 101
～胃孤辰

日書 45
～胃奪主人家

日書 143 叁
～胃離=日=

日書 288 壹
反～主必

日書 339
丁未日出至日～死

日書 341
癸丑旦至日～死

日書 418
～胃燕風飢

418
五日不更～胃

日書 419
～胃薑庳風

日書 420
一曰四周～兵起

日書 424
～胃歸老鄭

日書 458
於～名東方

日書 472
～胃

日書 473
～胃吾已長矣

日書 475
～胃吾已殺矣

日書 336
食至日～死

辵部

0074 過 過 2

日書 83
夜～半

日書 150 壹
女～（媧）

0075 進 進 1

日書 355 叁
一曰～

0076 逆 逆 1

日書 46
六甲相～

0077 遇 遇 1

日書 110
～雨

0078 𨑒 𨑒 28

徙

日書 120 壹
北～

日書 114 壹
不可南～

日書 121 壹
西北～

日書 112 貳
以乙卯～東方

日書 296 貳
東門毋北～

日書 111 貳
咸池以辛酉～西方

日書 111 貳
以丙午～

0079 逐 5

日書100 正南卻～

日書98 正北卻～

0080 遠 2

日書141壹 不可從～行歸

0081 道 3

日書141叁 複～上右

日書135壹 先～朔日始數

彳部

0082 德 11

日書93壹 ～在巷

日書94壹 ～在術

日書92貳 ～在術

日書95壹 ～在野

日書95貳 ～在庭

0083 復 13

日書36 以免～爲

日書65 ～（覆）内

日書152貳 ～到壬癸

日書186壹 及葬必～之

日書393 出入三月必～有喪

日書475 禾～

復 日書141叁 ~道上右

0084 徼

徼 26

徼 日書474 大雨大~

徼 日書473—474 子毋敢~

徼 日書466 秋~辰也

徼 日書464 秋以~春

徼 日書465 夏~於丑也

徼 日書473 子戒毋敢~

徼 日書474 小雨小~

0085 後

後 9

後 日書36 其~乃昌

後 日書137壹 ~自得爲事已

後 日書44 先辱~有慶

後 日書187貳 貨=~絶亡

後 日書131叁 直~者不死

後 日書115貳 ~爲敗

後 日書289壹 前富~貧

0086 得

得 28

得 日書420 ~數萬

得 日書172 必~女爲妻

得 日書156壹 丁者老弱皆~

日書 155 老弱～

日書 155 丁者不～

日書 154 老弱～

日書 14 除日奴婢亡不～

日書 41 亡者～

日書 67 亡者～

日書 152 壹 凡此日亡不～

日書 46 亡者不～

日書 137 壹 後自～爲事已

日書 18 可以逐盜圍～

0087
御

1

日書 355 叁 宦～

廴部

0088
廷

2

日書 129 壹 日～

0089
建

18

日書 1 壹 ～寅

日書 2 壹 ～卯

日書 13 ～日

日書 174 奷夫之~

日書 114 貳—115 貳 ~所當爲衡日

日書 8 壹 ~酉

日書 12 壹 ~丑

行部

0090

行

48

日書 474 申以~秋氣

日書 431 貳 邑主~没

日書 433 貳 風柏~没

日書 429 貳 高者~没

日書 427 貳 人炊~没

日書 416 ~而雲一

日書 416 子白雲疾~

日書 375 盜者曲身而殰~

日書 358 壹 鬼尚~

日書 151 貳 壬癸~

日書 150 貳 辛~

日書 147 叁 丙丁~

日書 150 壹 子日忌不可~及歸

日書 142 壹 在~不可歸

日書 136 壹 誰也從戌始左~

日書 114 貳
小時左～毋數

日書 114 貳
大時右～閒二

日書 109
不可遠～

日書 107
～操此物不以時

日書 63
利祠祀及～

日書 38
～水

日書 392
寅不可～

0091
術

5

日書 94 壹
德在～

日書 95 壹
刑在～

日書 96 壹
刑德并在～

日書 92 貳
德在～

0092
街

3

日書 350 壹
～行

日書 430 壹
民盈～谷

0093
衝

3

日書 115 貳
～日

日書 115 貳
卒～前爲飄

齒部

0094

齒

1

日書 183 壹
~爪死日也

足部

0095

足

5

日書 458
天不~西方

日書 458
地不~東方

日書 372
鳥口輕~

日書 375
~胻

第三　㗊部——用部

㗊部

0096
囂

1

日書398
田～

0097
器

2

日書372
臧瓦～下

句部

0098
句

2

日書358叁
～

日書468
結解～（苟）當

十部

0099
十

116

日書282貳
～三年而更

日書108
～月未

日書199
～八日

日書380貳
五〜六年以丙寅死

日書382貳
八〜年以己巳死

日書199
〜六日

日書477
〜月稱臧於子

日書452
五月〜六

日書384貳
八〜九年以辛卯死

日書10壹
〜月

日書12壹
〜二月

日書29
〜月

日書108
〜二月酉

日書100
〜二月

日書96貳
〜二月

日書153
〜一月二旬

日書162壹
入月〜一日

日書162壹
〜二日

日書162壹
〜七日

日書196
入官毋以〜月戊午

日書196
〜一月亥

日書202
五月〜二日

日書202
四月〜五日

日書197
〜二月子

日書263
〜月癸

日書273
〜月未

日書288貳
三月七月〜一月

日書289貳 四月八月~二月

日書322 ~一月子

日書333 失南~里

日書380貳 六~八年以丙寅死

日書381貳 ~月不死

日書382貳 八~年庚寅死

0100 丈 1

日書211叁 方~=

0101 千 1

日書146壹 ~里外

0102 廿 23

日書151貳 ~一日

日書148叁 復到丙丁~一日

日書152貳 不來~一日

日書164壹 ~一日

日書164壹 ~二日

日書164壹 ~五日

日書166壹 ~九日

日書199 ~六日

日書278貳 ~歲

日書417 ~日稗禾爲

日書452 三月~一日

日書452 六月~四日

日書452
十一月～日

0103
卌

2

日書387貳
～九年以己巳死

卅部

0104
卅

7

卅　日書166壹
～日

日書327
西北～步

日書381貳
～五年以丁卯死

日書382貳
～一年以甲辰死

0105
世

1

日書284貳
其主必富三～貧

言部

0106
言

6

日書23
～盜必得

日書14
～君子可以毀除

日書180
嫁女及～事

0107
請
4

日書23
可以～謁

日書478
必～（清）風

0108
謁
1

日書23
可以請～

0109
計
5

日書172
妻＝入必～之

日書475
九月爲～

0110
詣
1

日書60
數～風雨大凶

0111
詛
1

日書395
人必有～明

0112
誰
1

日書136壹
右行～〈雄〉也

誩部

0113 重
善
6

日書374
～數步

日書369
～彖口

日書390貳
～田

辛部

0114 童

1

日書 424
小～死五日

0115 妾

2

日書 181
入～

日書 185 貳
利澤臬及入臣～

丵部

0116 僕

1

日書 278 貳
廿歲其主必寫～屬

𠬞部

0117 丞

2

告地書正
地下～

0118 戒

1

日書 473
子～毋敢徹

0119

兵

29

日書469
～革不作

日書434貳
～不起

日書434壹
有～起

日書47
毋～

日書43
有小～

日書48
有～

日書350壹
～叅

日書392
人必見～

日書410
有～

日書420
一曰四周是～起

日書422
□～

日書423
青雲爲～

日書425
～起在夏三月中

日書426
～起在冬三月中

異部

0120

異

1

日書145叁
可分～

舁部

0121
與
（小篆）與　5

日書 132 叁
～日色少長相參

日書 150 壹
女過～天子

日書 142 叁
日～字

日書 301 叁
凡日～月同營居者

0122
興
（小篆）興　2

日書 257
不可～土攻

革部

0123
革
（小篆）革　2

日書 469
兵～不作

爪部

0124
爪
（小篆）爪　1

日書 183 壹
齒～死日也

0125
爲
（小篆）爲　117

日書 109
以有～

日書 290 貳
春～南門

日書 289 貳
十二月可以～西門

日書 423
青雲～兵

日書 423
白雲～凶

日書 413
白雲稻～

日書 413
黄帝禾～

日書 413
青雲麥～

日書 413
黑雲叔～

日書 377
其～人也剛履

日書 374
其～人我=然

日書 294 貳
～門毋以其鄉時

日書 290 貳
冬～東門時

日書 290 貳
秋～北門

日書 290 貳
夏～西門

日書 429 貳
赤禾～上

日書 427 貳
青禾～上

日書 291 壹
～闕

日書 282 貳
必～巫

日書 253
～之或死

日書 228 貳
酉～雞棲雞不亡

日書 137 壹
後自得～事已

日書 109
有～

日書 74
以生子～邑桀

丮部

0126
孰

7

日書444壹
三以甲朔大～（熟）

日書421
禾大～（熟）

日書436貳
禾不～（熟）

日書446
大～（熟）

鬥部

0127
鬭

1

鬭
日書46
必～見血

又部

0128
右

5

日書141叁
複道上～

日書136壹
～行

日書114貳
大時～行閒二

日書247
～序長子死

0129
父

6

日書211貳
七版～

日書3貳
甲子乙丑伐榆～死

日書326
取其～大人

0130

及

及

34

日書347壹
大～桊

日書186壹
～葬必復之

日書187壹
～葬必復之

日書31
利見人～入畜産

日書147壹
行～歸

日書57
祠祀～行

日書63
利祠祀～行

日書173
～庚辰辛巳

日書180
嫁女～言事

日書185貳
～入臣妾

日書213叁
亥～戊己

日書215叁
毋垣～塞北方

日書244
春甲申～上旬甲乙

日書244
夏丙申～上

日書273
十二月丑～諸月

日書305叁
不可以寧人～問疾

日書351壹
蚤神～水桊

0131

反

反

22

日書126貳
未丑～支

日書99
西南～（返）鄉

日書128貳
巳朔申寅～支

日書 129 貳　午朔申寅～支

日書 130 貳　未朔酉卯～支

日書 132 貳　酉朔戌辰～支

日書 150 壹　女過與天子以庚東不～（返）

日書 288 壹　～（返）是主必

日書 306 叁　人必～賀之

日書 306 叁　～代之

0132

叔

4

日書 413　黑雲～（菽）爲

日書 445 壹　大稙大中～（菽）蓋

日書 455　～（菽）龍卯

日書 436 壹　南方～倍

0133

取

45

日書 330　女子～其夫

日書 456　到正月枚～其息最

日書 31　可以～（娶）

日書 109　～（聚）眾

日書 65　以～（娶）妻=

日書 143 叁　不可～（娶）妻

日書 330　～其夫

日書 176 壹　子～（娶）妻

日書 176 貳　以～（娶）妻=

日書 175 貳
以～（娶）妻=

0134

度

2

日書 228 貳
東鄉～二

日書 227 貳
一～南鄉

史部

0135

史

5

日書 369
東臧之～耳

日書 53
可以盜～

日書 380 貳
死～

日書 387 貳
三月不死～

0136

事

36

日書 34
大～有慶

日書 436 貳
～群巫

日書 200
必以獄～免

日書 32
以徙官免～

日書 34
小～果成

日書 476
有土功～

日書 109
凡百～皆凶

日書 137 壹
爲有～

日書 175 壹
百～不吉

日書 180
嫁女及言～

日書 36
利以解～

102
其～必不久

日書 54
百～凶

支部

0137
支

13

日書 125 貳
寅朔午子反～

日書 128 貳
巳朔申寅反～

日書 129 貳
午朔申寅反～

日書 130 貳
未朔酉卯反～

日書 127 貳
辰朔未丑反～

日書 132 貳
酉朔戌辰反～

日書 135 壹
反～

畫部

0138
畫

1

日書 412
～温中禾爲

臣部

0139

臣

臣

2

日書185貳　及入～妾

0140

臧

臧

21

日書369　以上大辟～（藏）

日書372　～（藏）瓦器下

日書373　～（藏）之草木下

日書375　從～（藏）西方

日書376　～（藏）之園中草木

日書378　～（藏）圂中壞垣下

日書378　～（藏）室西北

殳部

0141

毄

毄

2

日書32　以～（繫）亟出

殺部

0142 殺

21

日書 53 而可～犧

日書 119 叁 ～夫

日書 475 胃吾已～矣

日書 238 戊午不可～牛

日書 239 壬辰不可～豕

日書 466 是胃吾且～

寸部

0143 寸

2

日書 106 長三～

日書 105 長三～

0144 將

1

日書 277 貳 ～軍門

攴部

0145 啟

6

日書 100 西南～光

日書 97 西北～光

日書 397 帝～百虫口日也

0146 故

1

日書 449 占如～

0147
數

14

數 日書140叁
~從上右方數朔初

日書135壹
從亥始~

日書282貳
貨~虛

數 日書456
取禾穜~物

0148
更

16

日書419
從西方五日不~

日書419
從北方五日不~

殘48
酉嫁三~

日書268
~内從止毋西北

日書275貳
弗~必再寡

日書279貳
八歲而~

日書282貳
十三年而~

日書297壹
十一年而~

日書418
從東方五日不~

日書418
五日不~

0149
敉

1

日書456
到正月~取其息最

0150
敗

2

日書441壹
丑朔~穜

0151
收
14

日書428貳
麥不～

日書3壹
～丑

日書10壹
戌未～申開酉閉戌

日書11壹
～酉

日書12壹
～戌

日書2壹
～子

0152
攻
2

日書257
不可興土～（功）

卜部

0153
占
4

日書417
～

日書449
～如故

日書462
音者以～悲樂

日書463
以～强弱

用部

0154
用
2

日書132叁
相中乃可～也

第四　目部——角部

目部

0155

目

目

4

日書 370
小短大～

日書 372
長而黑虫～而黃色

日書 372
其盜深～

日書 377
其盜出～

0156

相

相

10

日書 392
～奪日光

日書 32
臨官立正～宜

日書 132 叁
～中乃可用也

日書 132 叁
與日色少長～參

自部

0157

自

自

9

日書 36
三從官～如

日書 154
～夜半到日中

日書 137 壹
前～得爲有事

日書 137 壹　後～得爲事已

白部

0158 皆

9

日書 109　凡百事～凶

日書 156 壹　丁者老弱～得

日書 156 壹　丁者老弱～不得

日書 246　良日卯未丑～吉

日書 264　丙子築止蓋之～吉

日書 454　丑酉～禾吉日也

日書 419　百姓～流

0159 者

49

日書 130 叁　直前～死

日書 300 叁　以死～室爲死者月

日書 301 叁　凡日與月同營居～

日書 367　盜～兑口

日書 372　盜～長而黑

日書 46　亡～不得

日書 373　盜～長頸

日書 374　盜～長頸而長耳

日書 375　盜～曲身而頫行

0160

百

24

日書 376
盜～言亂

日書 377
盜～赤色

殘 27
至中歲至雲下～歲

日書 109
凡～事皆凶

日書 73
～事凶

日書 135 壹
入一出～

日書 175 壹
～事不吉

日書 342
去室～步

日書 54
～事凶

日書 419
～姓皆流

鼻部

0161

鼻

2

日書 378
盜者大～而細胻

羽部

0162

羽

1

日書 461
南方～

隹部

0163 雞

14

日書 84
巳午擊～鳴

日書 228 貳
酉爲～棲

日書 340
庚戌～鳴至黄昏死

日書 343
辛酉～鳴至昏死

0164 離

6

日書 100
正東別～

日書 143 叁
是胃～=日=

日書 99
正北別～

0165 雄

2

䧺 日書 460
和陰陽雌～乃通

0166 雌

2

日書 460
和陰陽～䧺乃通

奞部

0167 奪

2

日書 392
相～日光長子失明

羊部

0168 羊 羊 1

日書 468
民多不～（祥）

0169 羣 羣 2

日書 436 貳
事～巫

0170 美 美 5

日書 31
以生子～且長

日書 33
～有兵

日書 35
以有爲也～惡自成

鳥部

0171 鳥 鳥 2

日書 372
深目而～口輕足

0172 鳴 鳴 8

日書 84
擊雞～

日書 340
庚戌雞～至黄昏死

日書 352 壹
甲子雞～有疾

烏部

0173 重

於

26

日書 333
失南一里少利～家

日書 333
失南十里少利～家

日書 335
少利～家

日書 369
金～中

日書 458
～是名東方

日書 459
～是

日書 465
盡春三月解～戌

日書 465
夏徼～丑也

日書 466
盡夏三月乃解～丑

日書 467
盡冬三月乃解～未

日書 470
二月發春氣～丑

日書 470
三月止寒～戌

日書 473
六月止雲霿～亥

日書 475
蚤風以～草木

日書 477
十月稱臧～子

日書 478
十月廥事～酉

0174

焉

2

日書 276 貳
必有經死～

華部

0175 重

棄

5

日書 175 貳
妻不出三歲～亡

日書 65
以取妻〓愛而～

日書 176 貳
妻〓死不必～

冓部

0176

再

3

日書 451
再𩛩～稖

日書 275 貳
弗更必～寡

日書 451
～𩛩再稖

𢆶部

0177

幾

2

日書 410
歲～（饑）

日書 442
卯朔户～（饑）

予部

0178

予

3

日書 450
毋～也

日書 453
不可～入五穜

受部

0179
受
受
9

日書 472
以～夏氣

日書 477
～臧不成

日書 332
西南～

日書 332
南～之

0180 重
殹
殹
7

敢
日書 473
子毋～

日書 466
子毋～生

日書 473
子戒毋～徼

告地書正
都鄉燕佐戎～言之

歺部

0181
殤
殤
1

殤
日書 360
旱～壬申莫市有疾

死部

0182

死

212

日書176貳 取妻=～不必棄

日書186壹 牡=日=以～及葬

日書99 正西～亡

日書14 有癉病者～

日書3貳 甲子乙丑伐榆父～

日書4貳 庚辛伐桑妻～

日書37 生子=～

日書39 以生子=～

日書276貳 必有經～焉

日書300壹 子～其咎在里中

日書307 未～其咎在里

日書309 必有小子～

日書311 亥～其咎在室六畜

日書324 乙丑～

日書326 辛未雞鳴～

日書329 丁丑莫食至日中～

日書330 己卯會庚辰～

日書331 庚辰日中～

日書331 辛巳夜半會壬午～

日書331 癸未～

日書332 甲申～

日書 332
甲乙～

日書 333
戊己～

日書 335
癸巳平旦～

日書 337
己亥夕～

日書 341
癸丑旦至日是～

日書 342
丁巳旦至晦～

日書 343
辛酉雞鳴至昏～

日書 212 壹
男子～之

日書 380 貳
六十八年以丙寅～

日書 424
中年～九日

日書 474
五穀夭～

日書 380 貳
五十六年以丙寅～

日書 355 壹
丁卯蚤食有疾赤色～

冎部

0183

別

1

日書 100
正東～離

肉部

0184 肉

1

日書276貳
毋絶=縣=~【=】

0185 胃

40

日書475
是~（謂）吾已殺矣

日書473
是~（謂）吾已長矣

日書472
是~（謂）

日書34
正陽是~（謂）番昌

日書41
是~（謂）其群不拜

日書44
是~（謂）作陰作陽

日書101
是~（謂）孤辰

日書143叁
是~（謂）離=日=

日書209叁
此~（謂）九忌

日書234
~（謂）去廷吏發者

日書418
是~（謂）

日書419
是~（謂）蘠庨風

日書424
是~（謂）歸老鄭

日書458
~（謂）之青

日書459
~（謂）之白

日書459
於是糺~（謂）而

日書470
是~（謂）五已生矣

日書471
~（謂）吾已成矣

日書467 是～（謂）吾且臧

0186 腸

1

日書470 民多腹～之疾

0187 膏

1

日書398 雨〻～

0188 腹

1

日書470 民多～腸之疾

0189 胻

3

日書375 足～

日書373 細～

刀部

0190 利

35

日書41 ～以田魚弋獵報讎

日書306叁 ～以賀人

日書453 五月東井～澍藍

日書335 去家五步少～於家

日書333 失南十里少～於家

日書335 少～於家

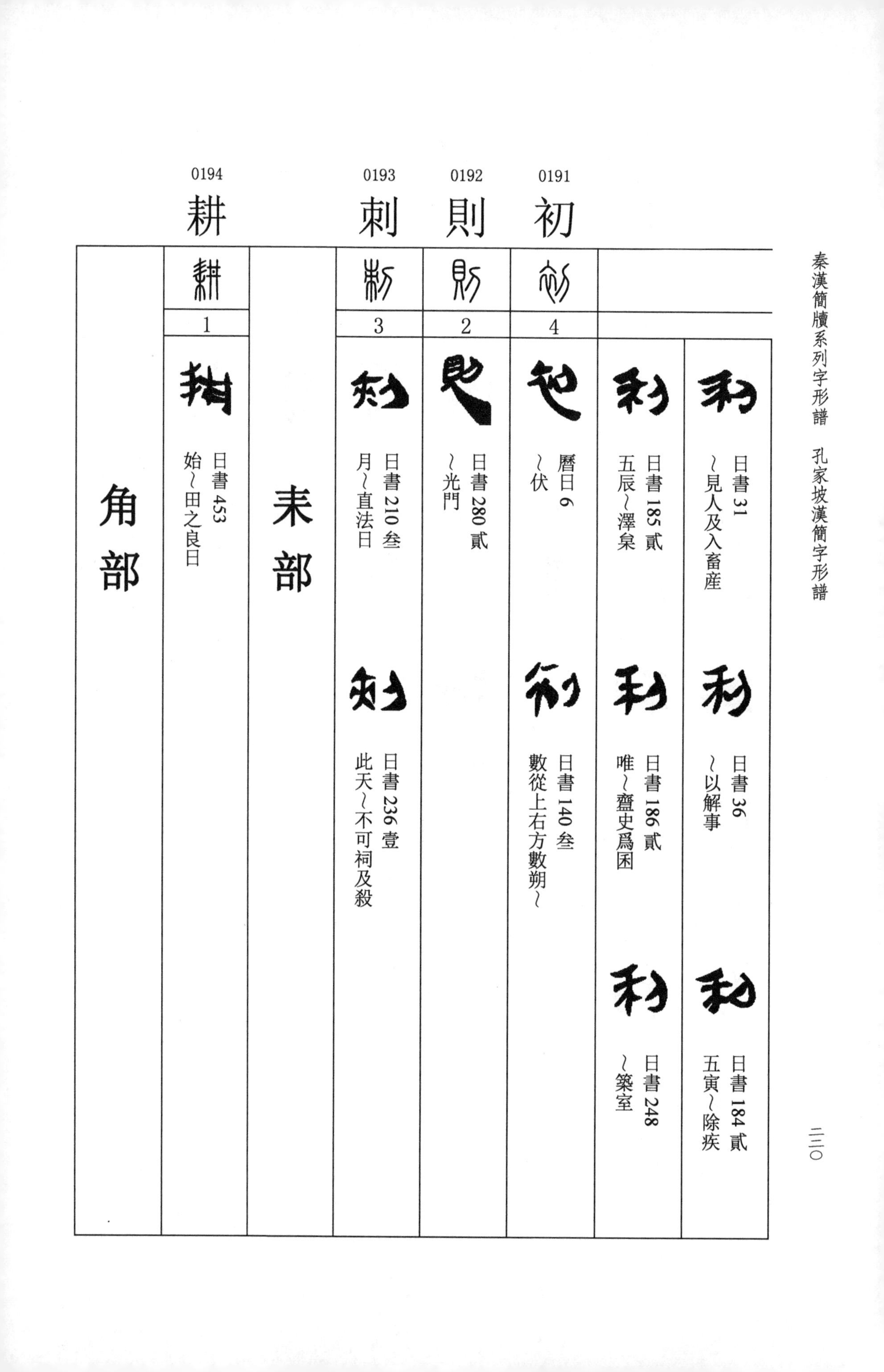

0191 初　4

日書31 ～見人及入畜産

日書36 ～以解事

日書184貳 五寅～除疾

日書185貳 五辰～澤臬

日書186貳 唯～蠶史爲困

日書248 ～築室

曆日6 ～伏

日書140叁 數從上右方數朔～

0192 則　2

日書280貳 ～光門

0193 刺　3

日書210叁 月～直法日

日書236壹 此天～不可祠及殺

耒部

0194 耕　1

日書453 始～田之良日

角部

0195

解

解

7

日書 466
盡夏三月乃～於丑

日書 467
盡冬三月乃～於未

日書 467
結〓～不當五

日書 468
結～句當

第五　竹部——桀部

竹部

0196
等
䓁
1

日書 31
生子美且長賢其～

箕部

0197
箕
箕
1

日書 55
～不可祠祀百事凶

0198 重
其
𠀠
63

日書 31
生子美且長賢～等

日書 36
～後乃昌

日書 109
～央小大必至

日書 278 貳
廿歲～主必篤僕屬

日書 300 壹
子死～咎在里中

日書 301 壹
丑死～咎在室

日書 307
未死～咎在里

日書 308
申死～咎在二室

日書 330
取～夫

日書 330
男子傷～家

日書 330
女子取～夫

日書 332
甲申死～失不出＝

日書 332
～日中東北閒一家

日書 374
～爲人我＝然

日書 377
～盜出目

日書 456
到正月敉取～息最

左部

0199
左

4

日書 114 貳
小時～行毋數

日書 114 貳
正月建寅～行

巫部

0200
巫

13

日書 436 貳
事群～

日書 383 貳
不死爲～

日書 75
生子爲～

日書 282 貳
必爲～

甘部

0201 甘

1

日書 461
中央～

0202 甚

1

日書 450
爪～陰而雨

曰部

0203 曰

17

日書 471
必温寒名～執

日書 414
命～飢

日書 382 貳
一～八十年庚寅死

日書 358 叁
四～深入多取

日書 356 叁
二～多前毋

日書 355 叁
一～進

日書 354 叁
五～死

日書 352 叁
二～

日書 101
命～八星

日書 352 叁
一～除

0204

乃

19

乃部

日書467　盡冬三月～解於未

日書466　盡秋三月～

日書460　和陰陽雌雄～通

日書458　不足東方地維～絶

日書458　西方天柱～折

日書8貳　不可出入財～

日書36　其後～昌

日書90　～可治也

日書132叁　相中～可用也

日書178貳　夫妻相惡～涂奥

日書194　不播　～亡

日書288壹　家門～多恙

日書294壹　～刑外毀孫内毀子

日書332　不出=～西南

日書335　出=～南東

日書332　不出=～西南

丂部

0205

寧

1

日書305叁
不可以~人及問疾

可部

0206

可

168

日書13
建日~爲大嗇夫

日書16
平日~以取婦

日書13
不~

日書19
破日~以伐木壞垣

日書24
~以入馬牛畜生

日書10貳
不~出入

日書113壹
不~東徙

日書115壹
不~東南徙

日書141壹
不~從遠行歸

日書142壹
在行不~歸

日書143叁
離=日=不~取妻

日書165貳
夕日~

日書167貳
未旦吉晏食~

日書175壹
不~取妻

日書183壹
不~哭臨聚眾合卒

日書 194
不～裁衣

日書 195
不～裁衣常

日書 209 叁
不～立垣

日書 210 叁
不～鑿地

日書 239
壬辰不～殺豕

日書 240
不～操土功事

日書 244
不～垣東方

日書 245
不～垣北方

日書 251
不～蓋屋

日書 257
不～興土攻

日書 288 貳
～爲南門

日書 289 貳
～以爲西門

日書 392
不～禱祠

日書 393
辰不～舉喪

日書 394
巳不～入錢財

日書 453
不～予入五種

亏部

0207

平

10

日書 1 壹
～巳

日書 3 壹
～未

日書 12 壹
～辰

日書16
~日

日書85
~旦

日書335
癸巳~旦死

日書424
~年入

旨部

0208
嘗

1

日書393
一人弗~

壴部

0209
尌

8

日書458
南方而~（樹）之火

日書459
中央而~（樹）之土

日書417
五月~（樹）

虎部

0210
虎

1

日書369
寅~也

皿部

0211

盛

2

日書 456
~新瓦甀中

日書 105
以籥~

0212

益

2

告地書正
婢~夫末眾

0213

盈

11

日書 430 壹
民~街谷

日書 58
不~五歲死

日書 1 壹
~辰

0214

盡

9

日書 141 叁
~

日書 466
~秋三月

日書 283 貳
唯人~出

日書 468
草木~

去部

0215

去

35

日書 330
不~北

日書 342
~室百步

日書 342
~室而伐

日書 341
是死失～一里

日書 339
西北～一里

日書 336
失北～室五步

日書 334
失東～室五

日書 334
其莫西北～家五步

日書 331
～家而伐北方

日書 329
日出毋失北～而伐

日書 329
日出毋失北～而伐

日書 327
西～室而伐

日書 326
～西北五步

日書 324
～失西從東方入之

日書 179
漢河相～也

日書 179
天地相～也

血部

0216
血

8

日書 300 壹
必見～

日書 46
必鬬見～

日書 397
～忌帝啓百虫口日

丶部

0217

主

主

18

日書288壹 反是～必廁

日書278貳 廿歲其～必寫僕屬

日書284貳 其～必富三世貧

日書255 [大]～弗居

日書355壹 桊三公～

日書191 必代～

日書427貳 青啻～歲

日書433貳 白啻～歲

日書435貳 剡啻～歲

日書431貳 邑～行没

青部

0218

青

青

10

日書413 ～雲麥爲

日書416 丙丁～雲

日書423 ～雲爲兵

日書427貳 ～啻主歲

日書427貳 ～禾爲上

日書352壹 雞鳴有疾～色死

日書476 其～

井部

0219
井

7

日書 453
五月東～利澍

日書 230
～良日

日書 38
利以穿～溝竇

0220
刑

18

日書 354 叁
～

日書 469
～正盡治

日書 468
～正亂

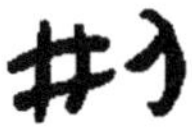
日書 93 壹
～在門

日書 94 壹
～在巷

日書 96 壹
～德并在術

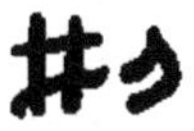
日書 91 貳
～在術

皀部

0221
爵

2

日書 283 貳
有～者耐

食部

0222 食

39

日書44
酓~

日書87
~時

日書109
酓~

日書161貳
晏~

日書162貳
晏~

日書164貳
晏~

日書165貳
晏~

日書168貳
晏~

日書186貳
五巳不可~新禾黍

日書329
丁丑莫~至日中死

日書330
戊寅莫~至日中

日書343
庚申夙~至昏

日書336
甲午莫~至黃昏死

日書356壹
戊辰莫~有疾

日書452
一人弗~也

0223 飢

2

日書413
五色大~

亼部

0224 合

2

日書183壹
不可哭臨聚眾~卒

0225
今

今

1

日書226貳
～日庚午爲雞血社

會部

0226
會

會

2

日書330
己卯～庚辰死

倉部

0227
倉

倉

3

日書284壹
～門

日書276貳
～門

入部

0228
入

入

87

日書424
平年～

日書448
～月二日

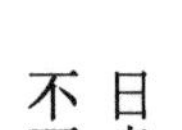
日書453
不可予～五種

日書394
已不可～錢財

日書365
日～到人鄭

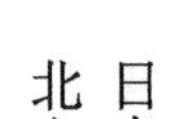
日書336
北～之

0229

內

10

日書 331
~之

日書 185 貳
及~臣妾

日書 194
~月旬七

日書 181
~妾

日書 144 叁
及~人畜生貨

日書 65
~馬牛

日書 10 貳
□~月三日

日書 268
更~徙止毋西北

日書 233
~內良日

日書 200
不可~官

日書 192
[不]可出~人

日書 172
來妻=~必計之

日書 151 壹
~月二日

日書 46
出~人

日書 24
~奴婢

日書 367
其盜在~中

日書 187 貳
五午可~貨=

日書 196
~官

日書 191
不可~奴婢

日書 166 壹
~月廿六日

日書 135 壹
出一~百

日書 31
利見人及~畜産

日書 24
可以~馬牛

日書 437
兵西方耑王~

0230 重
全
全
2

日書 373 其身不～

日書 40 歲而柀不～有兵

矢部

0231 重
射
射
1

日書 20 可以責捕人功䜌～

0232
侯
侯
1

告地書正 桃～國

0233
短
短
2

日書 377 ～頭

0234
矣
矣
6

日書 470 發子氣～

日書 473 吾已長～

日書 473 是胃吾已長～

日書 475 是胃吾已殺～

高部

0235
高

7

日書373
~耳有疵

日書429貳
~者行沒

日書423
雲~終歲

日書253
爲~爲之或死

冂部

0236
市

3

日書335
壬辰~時死

0237
央

12

日書109
其~（殃）小大必至

日書235
~（殃）

日書110
命曰~（殃）蚤至

日書109
降~（殃）

亯部

0238
良

13

日書298貳
門~日

日書211叁
土~日

日書453
始耕田之~日

日書 246
蓋屋～日

嗇部

0239

嗇

10

日書 45
以爲～夫

日書 283 貳
唯爲～夫

日書 282 貳
必爲～夫

日書 13
爲大～夫冠帶乘車

來部

0240

來

24

日書 146 叁
戊己～

日書 146 叁
不～

日書 147 叁
不～

日書 149 叁
不～

日書 151 貳
不～廿一日

日書 151 貳
丙丁～

日書 152 貳
不～廿一日

日書 172
～妻〃入必計之

日書 300 叁
～子擊之

日書418 風從南方～

日書421 從東方～

日書421 從東南～

日書421 從南方～

日書422 從西方～

日書449 風從南方～

麥部

0241
麥

3

麦 日書413 青雲～爲

日書455 ～龍子

日書428貳 ～不收

夊部

0242
憂

2

日書414 君子～小人流

0243
夏

23

日書172 ～三月丑

日書102 冬～

日書244 ～丙申及上旬丙丁

日書290貳 ～爲西門

日書472 以受～氣

日書472 五穀～夭

日書472
~洛

韋部

0244
韋

2

日書330
失~（圍）廄

弟部

0245
弟

2

日書279貳
~兄

久部

0246
久

4

日書102
其事必不~有不成

桀部

0247 桀	0248 乘

1	2

日書 74 以生子爲邑～（傑）	日書 13 ～車

第六　木部——䢽部

木部

編號	字頭	篆形	字數	字形	出處	辭例
0249	木		19		日書 472	草~不實
					日書 470	草~不實
					日書 458	名東方而封之~
					日書 376	臧之園中草~下
					日書 373	臧之草~下
					日書 105	金勝~
					日書 105	東方~
					日書 1 貳	伐~日
					日書 103	~生亥壯卯老未
					日書 19	可以伐~壞垣毀器
0250	柀		1		日書 40	歲而~不全
0251	柏		1		日書 433 貳	風~（伯）行没

0252

根

2

日書142叁
日與字夾～(艮)山

0253

末

1

告地書正
～眾

0254

果

2

日書41
有爲不～

日書34
小事～成

0255

築

22

日書248
利～室

日書290貳
午～吉

日書292貳
～東門

日書267
庶人～室

日書66
可以～室及閒牢

日書64
可～室

日書286貳
戊寅甲寅辰～吉

⿱⺮怨 日書246
～室良日

0256

柱

1

日書458
西方天～乃折

0257
樂

9

日書 32
歌～

日書 46
歌～

日書 73
生子=～

日書 45
歌～

0258
棨

1

日書 251
此八～不可蓋屋

東部

0259
東

73

日書 105
～方木

日書 116 貳
虛=在～南

日書 290 貳
冬爲～門時

日書 344
莫食至昏死失～

日書 117 貳
虛=在～方

日書 421
從～方來禾大孰

日書 244
不可垣～方

日書 332
其日中～北閒一家

日書 97
～死亡

日書 348 叁
甲午求～南方

日書 458
～方地維乃絶

日書 334
～去室

日書 458
名～方而尌之木

日書 99
～北執辰

日書 120 貳
孤〓在～方

日書 341
失不出〓～南

日書 351 貳
酉旦～夕北

日書 418
從～方

日書 350 貳
未申旦～北

叒部

0260
桑

1

日書 4 貳
庚辛伐～妻死

之部

0261
之

83

日書 186 壹
以死及葬必復～

日書 174
姼婦～日也

日書 174
以～不字夫恐死

日書 174
姼夫～建姼婦之日

日書 172
來妻〓入必計～

日書 101
月～大伍也

日書102
冬夏～日

日書39
若以～有小喪

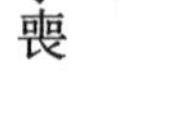
日書239
以殺象必有死～

日書253
爲～或死

日書264
蓋～皆吉

日書294貳
毋以其鄉時～日

日書457
穜～

日書278貳
軳～蓋

日書187壹
以死及葬必復～

日書331
入～

日書212叁
凡爲事必居～

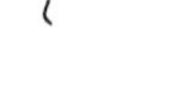

日書211叁
員女子死～

日書212壹
男子死～

日書210貳
四版賤人死～

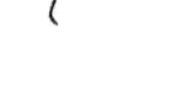

日書211叁
丈=夫死～

日書336
北入～

日書324
從東方入～

日書119叁
～孤

日書453
始耕田～良日

日書458
名東方而封～木

日書458
胃～青

日書458
名南方而封～火

出部

0262

出

80

日書46
~入人

日書109
不~歲

日書42
以轂亟~

日書283貳
唯人盡~

日書329
日~毋失

日書332
其失不~〓乃西南

日書338
癸卯夕死失不~

日書291壹
日~一布

日書331
會壬午死失不~

日書32
以轂亟~

日書118叁
~不吉

日書449
[戊]寅日~而風

日書341
雞鳴至昏死失不~

0263

賣

2

日書414
君子~衣

日書414
小人~子

𣎵部

0264 南

72

日書290貳　春爲~門

日書331　失~閒三家

日書332　不出=乃西~

日書333　失~一里

日書335　出乃~東

日書341　出東~

日書347叁　甲申求東~方

日書421　從東~來

日書421　從~方來

日書458　名~方而尌之火

生部

0265 生

51

日書24　畜~（牲）

日書37　~子=死

日書39　畜~（牲）

日書31　以~子美且長

日書104　~寅

日書104　~巳

日書466

子毋敢～

0266 產

產 14

日書308

畜～

日書429貳

赤啻～高者行没

日書44

畜～

口部

0267 圖

圖 1

日書304貳

死失～

0268 國

國 4

日書277貳

冣眾使～八歲如虛

日書386貳

不死必臨～

0269 困

困 2

日書186貳

唯利盈史爲～

0270 圍

圍 2

日書42

～城

0271 圂

圂 2

日書378

臧～中壞垣下

員部

0272 員　3

日書 221　方男～（圓）女各坐

日書 213 壹　～（圓）女子死之

日書 211 叁　～（圓）女子死之

貝部

0273 財　2

日書 394　巳不可入錢～

0274 貨　10

日書 187 貳　五午可入～=

日書 50　入～

日書 282 貳　～數虛

日書 144 叁　及入人畜生～

0275 資　2

日書 433 壹　百～不成

0276 賢　1

日書 31　美且長～其等

0277 賀

2

日書 306 叁
利以～人

0278 責

2

日書 281 貳
是胃鬼～門

日書 20
危日可以～捕人

0279 販

2

日書 373
～（阪）險

日書 375
依～（阪）險

0280 賤

5

日書 448
糶～

日書 210 貳
～人死之

日書 450
尤～毋予也

0281 貧

6

日書 289 壹
前富後～

日書 54
以生子必～

日書 382 貳
三月不死～

0282 貲

1

日書 353 叁
～三曰耐

0283 貴

2

日書 451
春糶～

邑部

0284
邑

2

日書431貳
~主行没

日書74
以生子爲~桀

0285
都

1

告地書正
~鄉燕佐戎敢言之

0286
竆

3

竆　日書151壹
禹~日

0287
鄭

5

日書424
是胃歸老~（定）

日書365
日入到人~（定）

0288
邪

1

日書226貳
此毋央~

0289
郭

1

日書235
城~不居

𨛜部

0290 鄉

16

日書276貳
北～（嚮）廥

日書258
北～（嚮）

日書249
冬毋築北～（嚮）室

0291重 巷

4

巷
日書92貳
刑在～

日書94壹
刑在～

日書93壹
德在～

日書93貳
德在～

第七　日部——白部

日部

0292

日

324

日書380貳

二～一月

日書383貳

三～

日書418

五～不更

日書471

終～寒三執

日書379貳

三～二月五日不死

日書332

其～中東北閒一家

日書329

～出毋失北去而伐

日書301叁

凡～與月同營居者

日書291壹

～出一布

日書333

戊子～中死

日書198

入月四～

日書152貳

不來廿一～

日書141叁

各居一～

日書156壹

～中丁者老弱皆得

日書152壹

正月七～

日書152壹

五月六～

日書152壹

四月八～

日書112貳

居五旬七～

日書 13
建～可爲大嗇夫

日書 16
平～可以取婦

日書 18
執～不可以行

日書 10 貳
入月三～

日書 23
開～亡者不得

日書 330
戊寅莫食至～中

日書 331
庚辰～中死

0293
時

29

日書 365
夕～到日入辛

日書 456
以秋禾孰～

日書 114 貳
小～左行毋數

日書 101
必擊是～

日書 115 壹
大～居卯

日書 112 壹
二月小～居卯

日書 290 貳
冬爲東門～

日書 107
行操此物不以～

0294
晏

13

日書 168 貳
～食凶

日書 167 貳
～食可

日書 161 貳
～食吉

0295 昏

17

- 日書164貳　～食吉
- 日書162貳　～食吉
- 昬 日書165壹　～南吉
- 日書333　丁亥黃～死
- 日書336　甲午莫食至黃～死
- 日書341　甲寅雞鳴至～死

0296 晦

1

- 日書342　丁巳旦至～死

0297 早

13

- 日書439壹　丙丁朔少～
- 日書415　不雨而風大～
- 日書43　～有歲
- 日書416　行而雲一天下～
- 日書399　[南]方有年小～
- 日書401　南方毋年有～
- 日書419　大～百姓皆流

0298 昌

8

- 日書99　正南吉～
- 日書281貳　屈門必～以富
- 日書280貳　則光門必～

日書 34 正陽是胃番～

0299 暑

1

日書 405 三日晏～

旦部

0300 旦

31

日書 161 貳 丑～凶

日書 351 貳 酉～東夕北

日書 425 正月～西風

日書 347 貳 卯～西夕北

日書 342 丁巳～至晦死

日書 162 貳 寅～凶

日書 166 壹 ～西吉

日書 85 平～

日書 341 癸丑～至日是死

㫃部

0301 施

1

日書 280 必～衣常

0302

族

2

日書 279 貳
宗～

日書 281 貳
婦女媢～人婦女

晶部

0303 重

星

8

日書 473
必～小雨小虫

日書 77
百廿四～

日書 241
及～自虛至東辟

日書 289 貳
七～

0304 重

曑

2

日書 132 叁
與日色少長相～

月部

0305

月

420

日書 300 叁
爲死者～來子擊之

日書 291 貳
五～

日書 12 壹
十二～

日書 152 壹
七～九日

日書 152 壹
六～二旬四日

日書 203
三日心凡～

0306

朔

51

日書474 七～

日書472 五～

日書452 六～

日書414 正～

日書384貳 八～

日書381貳 十～

日書286貳 九～

日書3壹 三～

日書6壹 六～

日書286貳 正～

日書286貳 五～

日書152壹 正～七日

日書10貳 入～三日

日書10壹 十～

日書207叁 三～

日書129貳 午～申寅反支

日書133貳 戌～戌辰反支

日書35 正月以～

日書418 正月～日

日書224 壬癸～戊己土忌

日書224 庚辛～丙丁土忌

日書444貳 三以乙～中稈爲

日書444叁 三以丙～禾麻爲

日書444肆 三以丁～歲户

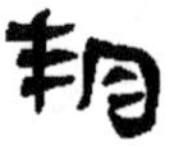

日書 128 貳
巳～申寅反支

有部

0307

有

99

日書 414
正月戊己～北風

日書 478
若～大事

日書 14
～瘴病者死

日書 19
它毋可～爲

朙部

0308

朙

2

明　日書 392
長子失～

日書 395
人必有詛～（盟）

夕部

0309

夕

25

日書 80
擊～

日書 160 貳
～日吉

日書 162 貳
～日吉

0310 夜

14

日書 329 丙子～半死

日書 329 乙亥～半死

日書 82 ～半

日書 156 壹 自日中到～半

日書 83 ～過半

日書 162 叁 昏西吉中～北

日書 154 自～半到日中

0311 外

6

日書 294 壹 ～毀孫内毀子

日書 146 壹 五百里～

日書 146 壹 千里～

日書 38 ～除

日書 42 利以祠祀～

0312 㚈

5

夙 325 戊辰～食死

日書 343 庚申～食

多部

0313 多

21

日書 356 叁 二曰～前毋

日書 37 正月以朔～雨

日書 48 以朝～雨

日書 472
民～戰疾

日書 421
從東南來民～疾

卤部

0314
㮚
3

粟　日書 456
各一斗～

齊部

0315
齊
4

日書 469
草木五穀生不～

日書 35
以雨～（霽）

片部

0316
版
3

日書 210 貳
四～賤人死之

禾部

0317
禾
28

日書 454　皆～吉日也

日書 429 貳　赤～爲上

日書 22　人馬牛畜産～稼

日書 413　黄帝～爲

日書 413　見赤雲～爲

日書 24　入馬牛畜生～粟

日書 186 貳　五巳不可食新～黍

0318
秀
3

日書 25　正月二月子～

0319
穜
12

日書 443　辰巳朔五～（種）

日書 453　出～（種）

日書 456　取禾～（種）

0320
稙
3

日書 412　旦温～禾爲

日書 445 壹　大～大中叔蓋爲

0321
稺
2

日書 444 貳　三以乙朔中～爲

0322
稷
2

日書 455　～龍寅

0323 稻	0324 槀	0325 年	0326 穀	0327 秋

2	1	36	3	23

0323 稻

日書455 ~龍戌

日書413 白雲~爲

0324 槀

日書374 臧之芻~瘕中

0325 年

日書427壹 有~

日書382貳 八十~以己巳死

日書383貳 一十三~以辛卯死

日書383貳 七十二~以壬午死

日書424 中~死九日

日書401 西方有~

日書382貳 世一~以甲辰死

0326 穀

日書468 五~必成

0327 秋

日書474 以行~氣

日書248 ~乙丑巳未己未丁

日書244 ~庚申上旬

日書101 春~

0328 稱

1

日書 477
十月～臧於子

0329 稖

1

日書 451
再斎再～（倍）

0330 稯

1

日書 375
～之

黍部

0331 黍

2

日書 186 貳
五巳不可食新禾～

日書 455
～龍丑

米部

0332 糶

6

日書 449
陰而雨～（糴）賤

日書 448
陰而雨～（糴）賤

0333 氣

6

日書 470
發子～矣

日書 474
以行秋～

日書 474
八月止陽～

日書 475
已殺矣止子～

臼部

0334
舀

1

日書 361
門～之鬼

凶部

0335
凶

46

日書 423
白雲爲～

日書 165 貳
日中～

日書 274
不可操土功～

0336
兇

1

日書 213 貳
所在～

朩部

0337
枲

1

日書 185 貳
五辰利澤～

麻部

0338
麻

2

日書455
~龍辰

耑部

0339
耑

1

日書437
兵西方~王内

韭部

0340
韭

1

日書453
五月東井利澍藍~

宀部

0341
家

23

日書331
失南閒三~

日書332
其日中東北閒一~

日書76
司~

0342
室

67

日書 288 壹
~門乃多恙

日書 342
去~百步

日書 24
居~

日書 76
可以築~

日書 146 壹
毋以丙丁到~

日書 172
己未之入~

日書 249
毋築南鄉~

日書 52
可爲~屋

日書 342
去~而伐

0343
定

10

日書 3 壹
~申

日書 17
~日

日書 12 壹
~巳

日書 2 壹
~未

告地書背
~手

0344
完

1

日書 62
以生子不~

0345
富

10

日書 389 貳
大~

日書 289 壹
前~後貧

日書 284 貳
其主必~三世貧

(富，續)

日書 281 貳
屈門必昌以～

日書 384 貳
三日三月不死～

0346
實

4

日書 472
草木不～

日書 468—469
草木盡～

0347
宧

1

日書 355 叁
～御

0348
宜

6

日書 32
立正相～

日書 279 貳
～車馬

告地書正
奴～馬

0349
寡

9

日書 441 壹
丑朔敗穜～旱

日書 275 貳
～門

日書 275 貳
不～

0350
客

2

日書 148 壹
以到室有～

0351
寒

9

日書 471
終日～三執

日書 475
必寒不～

日書 474
必～温民多疾病

0352
害

1

日書 110
它雖不吉毋大～

0353 宗

1

日書279貳　~族

宮部

0354 宮

2

日書188貳　五未不可封~中

0355 營

3

日書301叁　凡日與月同~

穴部

0356 穿

6

日書221　~地大深各三尺

日書211壹　~井窌

日書63　不可~井

0357 竇

2

日書221　【井】~溝毀垣

日書38　利以穿井溝~

0358 空　9

日書 218
三月司～在未

日書 219
六月司～在戌

日書 219
七月司～在巳

疒部

0359 疾　37

日書 472
民多戰～

日書 416
子白雲～行

日書 184 貳
五寅利除～

日書 355 壹
丁卯蚤食有～

日書 356 壹
戊辰莫食有～

日書 351 壹
有～

日書 363
癸亥人鄭有～死

0360 病　5

日書 375
有～

日書 474
民多疾～

0361 疵　2

日書 373
高耳有～

0362 重 瘁　2

瘁 日書 391 貳
不死～

0363
瘳

4

日書 64
司～（戮）

日書 351 壹
非黑色戊有～己汗

冖部

0364
冣

2

日書 277 貳
～眾

𠕁部

0365
同

2

日書 301 叁
凡日與月～營居者

冃部

0366
最

1

日書 456
到正月敉取其息～

㒳部

0367

兩

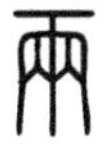

2

日書 193
可～出入及殺□之

网部

0368

罪

2

日書 196
酉有～

巾部

0369

帶

1

日書 13
冠～

0370

常

4

日書 280 貳
必施衣～（裳）

日書 195
裁衣～（裳）以之死

0371

布

3

日書 106
三寸以西纏以～

日書 291 壹
日出一～

白部

0372

白

17

日書 413
~雲稻爲

日書 416
子~雲疾行

日書 423
~雲爲凶

日書 358 壹
~色死

日書 359 壹
~色死

日書 376
禾~面

日書 427 貳
青禾爲上~中

日書 429 貳
赤禾爲上黃中~

日書 433 貳
~啻主歲

日書 436 貳
~中

日書 459
胃之~

日書 460
西方~

日書 476
其~有兵

第八 人部——次部

人部

0373

人

58

日書414 小～賣子

日書20 捕～

日書81 ～鄭

日書172 丙午寅利來～

日書365 ～鄭

日書414 小～流

日書452 以穜一～弗食也

日書210貳 賤～死之

日書144叁 入～畜生貨

日書31 利見～及入畜産

日書37 可見=～=不成

日書39 見～

日書46 出入～

日書283貳 唯～盡出

日書325 小子必二～

0374

依

1

日書375 ～販險

編號	字頭	數量	辭例一	辭例二	辭例三
0375	伍	6	日書283貳 失～門	日書279貳 大～門	日書101 月之大～也
0376	作	8	日書468 兵革且～	日書44 是胃～（乍）陰作陽	日書469 兵革不～
0377	代	5	日書306叁 必反～之	日書191 不可入奴婢必～主	日書191 以入奴婢必～主
0378	使	2	日書277貳 ～國		
0379	倍	5	日書451 三畬三～	日書451 四畬四～	日書451 六畬六～
0380	傷	10	日書330 男子～其家	日書336 至黃昏死必～家	日書340 祝～家
0381	伏	1	曆日6 初～		
0382	伐	18	日書329 日出毋失北去而～	日書329 而～丙子夜半死	日書4貳 庚辛～桑妻死

日書3貳　甲子乙丑～榆

日書1貳　～木日

日書6貳　壬癸～□□少子死

0383 咎 7

日書302壹　其～在西四室

日書307　未死其～在里

日書308　申死其～在二室

0384 佐 1

告地書正　都鄉燕～戎敢言之

0385 免 5

日書45　不～

日書36　以～

从部

0386 從 23

日書421　～南方來

日書117叁　毋～孤之虛

日書422　～西方來大戰滅軍

日書421　～東方來禾大孰

0387 并 6

日書474　七月～居申

日書96貳　十二月刑德～在堂

日書114壹　大時～居南方

日書471
四月～居

北部

0388
北

77

日書329
日出毋失～去而伐

日書290貳
秋爲～門

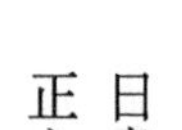

日書99
正～別離

日書121壹
[不]可西～徙

日書100
西～反鄉

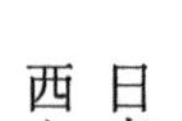

日書97
西～啓光

丘部

0389
丘

1

日書269
垣日帝毀～之日

0390
虛

12

日書241
自～至東辟

日書117貳
寅卯～=

日書282貳
貨數～

日書116貳
辰巳～=

日書118叁
從～

似部

0391 眾

6

日書 109 取～

日書 183 壹 聚～

日書 277 貳 冣～

壬部

0392 徵

1

日書 461 東方～

0393 朢

2

日書 240 十一月先～=日=

臥部

0394 臨

8

日書 32 ～官

日書 183 壹 不可哭～

日書 109 ～下降央

身部

0395 身

3

日書 373

其～不全

日書 375

盜者曲～而頫行

衣部

0396 衣

8

日書 194

入月旬七不可裁～

日書 280 貳

～常

日書 414

君子賣～

0397 裁

3

日書 194

入月旬七不可～衣

日書 194

～衣

日書 195

不可～衣常以之死

0398 襄

2

日書 418—419

是胃～國有大歲

日書 377

冀蔡之中～（壤）下

0399 裹

1

日書 106

操土北～以布

0400 卒

2

日書 183 壹

不可哭臨聚眾合～

裘部

0401 重

求

6

日書 345 叁
甲子～西方

日書 348 叁
甲午～東南方

日書 347 叁
甲申～東南方

老部

0402

老

14

日書 156 壹
丁者～弱皆不得

日書 154
丁者不得～弱得

日書 154
丁者得～弱不得

日書 156 壹
丁者～弱皆得

日書 103
水生申壯子～辰

尸部

0403

居

36

日書 141 叁
各～一日

日書 235
城郭不～

日書 114 壹
大時并～南方

日書 255
主弗～

日書 112 貳
～五旬七日

日書 112 壹
大時～子

0404
屋

9

日書267 庶人築室弗～

日書414 發～折木

日書246 蓋～

日書246 蓋～良日

日書251 不可蓋～

0405
屏

2

日書232 ～圂良日

尺部

0406
尺

1

日書221 穿地大深各三～

尾部

0407
尾

1

日書54 ～百事凶

0408 屬

1

日書 278 貳　廿歲其主必寫僕～

0409 屈

2

日書 281 貳　～門

方部

0410 方

77

日書 418　風從南～來

日書 112 貳　以壬子徙北～

日書 105　東～木

日書 112 貳　以乙卯徙東～

日書 111 貳　咸池以辛酉徙西～

日書 106　西～金

日書 105　南～火

儿部

0411 兑

1

日書 367　盗者～（锐）

兄部

0412

兄

1

日書279貳
弟～

先部

0413

先

5

日書135壹
～道朔日始

日書299
爲所～室以建日

禿部

0414

禿

2

日書374
其盜～而多

日書375
～從臧西方

見部

0415

見

18

日書300壹
在里中必～血

日書39
～人

日書31
利～人及入畜産

日書102 而不~是時

欠部

0416 欲

1

日書106 ~有

0417 歌

8

歌 日書280貳 好~舞

日書109 ~樂

日書46 ~樂

次部

0418 盜

26

日書378 其~女子也

日書375 其~女子也

日書23 言~必得

日書373 ~者長頸

日書374 ~者長頸而長耳

第九　頁部——彑部

頁部

0419 頭

1

日書377
大面短～男子也

0420 頸

2

日書374
盜者長～而長耳

0421 顧

1

日書282壹
～門

0422 頝

1

日書375
曲身而～（邪）行

面部

0423 面

5

日書373
盜長～高耳

日書377
大～短頭男子也

首部

0424 首

1

日書 378
出～臧室西北

県部

0425 縣

2

日書 276 貳
絶＝～＝（懸懸）肉【三】

彡部

0426 弱

7

日書 155
丁者不得老～得

日書 156 壹
丁者老～皆得

日書 156 壹
丁者老～皆不得

日書 463
五勝者以占强～

日書 154
丁者不得老～得

司部

0427 司

32

- 日書 66　～兵
- 日書 76　～家
- 日書 63　～寇
- 日書 64　～瘳
- 日書 61　～定

卩部

0428 令

14

- 日書 463　於是～東方生
- 464　～南方長
- 日書 462　土勝水～

0429 卻

4

- 日書 97　正西～逐
- 日書 99　正東～逐

色部

0430 色

18

- 日書 132 叄　～少長相參
- 日書 355 壹　有疾赤～死
- 日書 413　五～大飢

辟部

0431

辟

6

日書369
以上大～（臂）臧

日書278貳
～門

告地書正
庫嗇夫～與奴

勹部

0432

旬

37

日書244
春甲申及上～

日書153
八月～八

日書70
以生子～而死

日書118貳
甲申～

日書117貳
甲戌～

日書116貳
甲子～

日書111貳
四～五日

鬼部

0433

鬼

10

日書370
卯～也

日書281貳
是胃～責門

日書397
夏輿～

山部

0434 山

山

2

日書142叁

日與字夾根～

广部

0435 庭

庭

2

庭　日書95貳

德在～

0436 廏

廏

3

日書330

會庚辰死失韋～

瘕　日書374

臧之芻稾～中

0437 序

序

2

日書247

右～長子死

0438 廥

廥

1

日書276貳

囷居西南而北鄉～

0439 廢

2

日書204
四季日爲～=日=

0440 庳

1

日書419
蘁～風

厂部

0441 厭

1

㽷 日書375
～（壓）以石

危部

0442 危

14

日書11壹
～未

日書25
寅酉～陽

日書28
申卯～陽

日書2壹
～戌

石部

0443

石

4

日書 418 炊地瓦～見

日書 375 申玉～也

日書 375 癞以～

0444

破

6

日書 2 壹 ～酉

日書 3 壹 ～戌

日書 19 ～日

長部

0445

長

23

日書 473 吾已～矣

日書 105 ～三寸

日書 132 叁 與日色少～相參

日書 31 美且～

日書 247 右序～子死

日書 106 ～三寸

日書 374 盜者～頸而長耳

勿部

0446
勿

5

日書342 至昏死～發

日書336 日是死～發

日書73 唯它大吉～用

日書59 雖它大吉～用

而部

0447
而

49

日書340 去～伐

日書279貳 八歲～更

日書70 以生子旬～死

日書329 北去～伐

0448 重
耐

2

日書283貳 有爵者～

日書353叁 三曰～

豕部

0449
豕

2

日書378 亥～也

彑部

0450

彖

2

日書 369

～（喙）口

馬部

0451
馬

11

日書 279 貳
大伍門宜車～

日書 374
未～也

告地書正
庫嗇夫辟與奴宜～

0452
駱

1

日書 434 壹
未朔作～（䶂）司歲

廌部

0453 重
法

2

日書 283 貳
唯爲嗇夫～（廢）

日書 210 叁
月刺直～日

鹿部

0454
鹿

1

日書 373
午～也

犬部

0455 獲

2

日書 295 壹
~門

㹜部

0456 獄

1

獄 日書 200
必以~事免

火部

0457 火

14

日書 105
水勝~

日書 106
~勝金

日書 104
~生寅壯午老戌

日書 377
戌老~也

0458 然

2

日書 373
長躁=~

日書 374
其爲人我我~

0459
燔

1

日書195
及冠必～亡

0460
炊

6

日書418
～（吹）地瓦石見

日書428貳
吏人～

日書427貳
人～行没

0461
光

7

日書280貳
則～門

日書100
西南啟～

0462
燥

1

日書456
臧～地

黑部

0463
黑

12

日書413
～雲叔爲

日書416
庚辛～雲

日書459
胃之～

赤部

0464
赤

13

日書377
盗者～色

日書416
壬癸～雲

日書355壹
有疾～色死

日書433貳—434貳
白禾爲上～中

日書354壹
有疾～色死

大部

0465
大
85

日書473
～雨大虫

日書413
五色～飢

日書34
它事无小～盡吉

日書109
其央小～必至

日書61
以生子爲～吏

日書59
雖它～吉勿用

日書60
～凶

日書110
它雖不吉毋～害

0466
夾
1

日書142叁
日與字～根山

夭部

0467
夭
3

日書472
五穀夏～

日書474
五穀～死

壹部

0468 壹

2

日書451 春糴貴～

幸部

0469 執

16

日書471 蚤寒蚤～

日書429壹 ～郤司歲

日書99 東北～辰

日書471 終日寒三～

日書471 名曰～

0470 報

8

日書426 三日不～

日書425 三日不～

日書306叁 此～日也

夰部

0471 昊

1

日書436壹 東方～

夫部

0472 夫

22

日書178貳
~妻相惡

日書330
取其~

日書174
以之不字~恐死

告地書正
庫嗇~辟與奴宜馬

日書13
建日可爲大嗇~

日書13
~可以禱祠

立部

0473 立

2

日書32
~（蒞）正

心部

0474 心

2

日書203
九月三日~

0475 慎

1

殘2
唯良日也~

0476	0477	0478	0479	0480	0481
慶	忘	忌	惡	恙	恐

2	4	14	1	1	1
 日書 44 先辱後有～	 日書 343 至昏死失出～伐  日書 478 ～（妄）正亂下不聽  日書 478 ～（妄）執正置官	 日書 222 ～日  日書 209 叁 土～  日書 209 叁 此胃九～不可立垣	 日書 178 貳 夫妻相～	 日書 288 壹 家門乃多～	 日書 174 夫～死

第十一　水部——非部

水部

0482 水

17

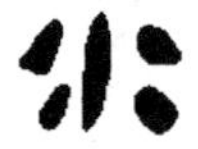
日書38
行～

日書351壹
壬癸～也

日書351壹
蚤神及～桊

日書422
從北方來大～

日書423
雲爲～

日書105
～勝火

日書376
酉～日

0483 河

1

日書179
庚申辛酉漢～相去

0484 温

11

日書472
必温不～五穀夏夭

日書472
必～不温五穀夏夭

日書475
草木～以

日書474
必寒～民多疾病

0485
涂

2

日書178貳
乃～奥乃止

0486
漢

1

日書179
庚申辛酉～河相去

0487
洛

1

日書472
草木不實夏～（落）

0488
深

3

日書358叁
四曰～入多取

日書372
其盜～目

日書221
穿地大～各三尺

0489
沂

1

日書275貳
日～（昕）興=

0490
治

4

日書472
五月～虫於辰巳

日書478
執正置官不～

0491
海

1

日書427壹
四～有兵

0492
清

2

日書476
～五官受令

日書453
司～

編號	字頭	數量	字例
0493	澤	1	日書 185 貳 五辰利～臬
0494	溝	2	日書 38 利以穿井～竇
0495	決	1	日書 369 其盜～
0496	没	5	日書 427 貳 人炊行～；日書 429 貳 高者行～；日書 431 貳 邑主行～；日書 433 貳 風柏行～
0497	消	1	日書 398 壬癸雨禾～
0498	汗	18	日書 350 壹 有瘳丁～（閒）；日書 349 壹 瘳乙～（閒）；日書 353 壹 九日大～

沝部

0499 重 流

2

日書 419
百姓皆～

日書 414
君子憂小人～

谷部

0500 谷

1

日書 430 壹
民盈街～

仌部

0501 冬

21

日書 215 叁
～毋垣及塞北方

日書 102
～夏之日

日書 397
～處

雨部

0502 雨

41

日書 473
小～小虫

日書 40
～日也

日書 35
以～齊

日書 110
遇～

0503
霚

7

⿱敄雨 日書451
三～（霧）三倍

日書451
四～（霧）四倍

日書451
五～（霧）五倍

雲部

0504
雲

18

日書413
黑～叔爲

日書413
白～稻爲

日書284貳
～門

日書413
青～麥爲

日書423
白～爲凶

日書416
丙丁青～

日書416
甲乙黃～

燕部

0505
燕

2

日書418
是胃～風

龍部

0506

龍

8

日書455 黍～丑

日書455 麦～子

日書455 叔～卯

日書298貳 門～戊辛乙庚丁丑

非部

0507

非

2

日書351壹 ～黑色

第十二　不部——系部

不部

0508 不

285

日書 472 草木～實夏洛

日書 472 必温～温五穀夏夭

日書 469 兵革～作

日書 194 入月旬七～可裁衣

日書 176 貳 ～（否）必棄

日書 33 ～可

日書 35 亡者～得

日書 257 ～可興土攻

日書 316 寅辰申戌～出

日書 321 未酉丑卯～出

日書 209 叁 ～可立垣

至部

0509 至

31

日書 329 丁丑莫食～日中死

日書 330 戊寅莫食～日中

日書 109 其央小大必～

日書 343
庚申夙食～昏

日書 328
追～三人

日書 392
出入不～五里

日書 342
丁巳旦～晦死

0510

到

20

日書 365
日入～人鄭

日書 156 壹
自日中～夜半

日書 59
取妻=不～

日書 146 壹
毋以丙丁～室

日書 150 壹
歸～行亡

西部

0511

西

77

日書 425
正月旦～風

日書 332
其失不出=乃～南

日書 290 貳
夏爲～門

日書 289 貳
可以爲～門

日書 111 貳
咸池以辛酉徙～方

日書 117 貳
孤=在～方

日書 99
正～死亡

0512 重 棲

1

日書 228 貳
西爲雞～雞不亡

戶部

0513 戶

2

日書 442
卯朔～幾

0514 房

2

日書 266
卯在～

門部

0515 門

69

日書 290 貳
冬爲東～時

日書 290 貳
夏爲西～

日書 290 貳
春爲南～

日書 289 貳
可以爲西～

日書 286 貳
可以爲北～

日書 94 貳
德在～

日書 281 貳
是胃鬼責～

日書 277 貳
南～

日書 93 貳
～德在巷

日書278貳
辟～

0516 闕

1

日書291壹
更日出一布爲～

0517 開

13

日書23
～日

日書6壹
～巳

日書10壹
～酉

0518 閒

8

日書332
其日中東北～一家

日書331
失南～三家

日書333
東北～一室

0519 閉

10

閉
日書1壹
～丑

日書6壹
～午

日書41
私囗必～

耳部

0520 耳

3

日書297貳
凡五丑不可～門

0521 聽

1

聽
日書478
正亂下不～

0522 閭

1

日書 427 壹
～（攝）民格司歲

手部

0523 手

1

告地書背
定～

0524 操

9

日書 105
長三寸～東

日書 106
～土北裏以布

日書 107
行～此物不以時

0525 失

68

日書 160 貳
日～（昳）吉

日書 161 貳
日～（昳）凶

日書 165 貳
日～（昳）

日書 167 貳
日～（昳）吉

日書 170 貳
日～（昳）吉

日書 329
日出毋～

日書 330
會庚辰死～韋廄

日書 329
丙子夜半死～不出

日書 338
癸卯夕死～不出

日書 324
去～西

日書 325
～不出

日書 324
乙丑死～在北

0526 掩

1

[奄+尢]

日書278貳

辟門～之蓋

0527 擊

15

日書88

申酉戌亥～日失

日書86

巳午未申～日出

日書352叁

此天牢～（繫）者

0528 捕

1

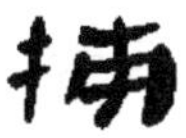

日書20

危日可以責～人功

0529 挌

1

日書427壹

聞民～（格）司歲

𠦬部

0530 脊

2

日書378

大鼻而細胻長～

日書468

六畜～

女部

0531 女

49

日書330

～子取其夫

日書279貳

婦～

日書173

嫁～

日書 150 壹
～過

日書 44
嫁～

日書 58
十二月婺～

日書 59
嫁～

0532 姓

1

日書 419
百～皆流

0533 嫁

11

日書 180
～女

日書 116 叁
凡取婦～女

日書 173
～女

0534 妻

45

日書 175 貳
戊申己酉以取～〓

日書 143 叁
離〓日〓不可取～

日書 176 貳
己未以取～

0535 婦

9

日書 116 叁
取～嫁女

日書 281 貳
婦女媰族人～女

日書 279 貳
～女

日書 281 貳
～女媰族人婦女

0536 母

2

日書 211 貳
六版～死之

0537	0538	0539	0540	0541	0542	0543	0544
姑	婢	奴	始	好	婺	如	婁

2	7	7	8	2	1	4	1

日書 181 取妻瘷～一	日書 14 奴～亡	日書 191 不可入～婢	日書 178 貳 ～生日夫妻相惡	日書 280 貳 ～歌舞	日書 58 十二月～女	日書 235 家人～此	日書 397 夏輿鬼秋～冬處

	告地書正 ～益夫	告地書正 庫嗇夫辟與～宜馬	日書 453 ～耕田之良日			日書 277 貳 冣眾使國八歲～虛	

	日書 191 以入奴～	日書 14 ～婢亡	日書 135 壹 從亥～數			日書 36 三從官自～	

0545 奸

1

日書389貳　五月不死必～

0546 妰

2

日書174　～婦之日也

0547 媀

1

日書281貳　婦女～族人婦女

毋部

0548 毋

75

日書473　子戒～敢徼

日書146壹　～以丙丁到室

日書115貳　是日～可有爲也

日書196　入官～以十月戊午

日書117叁　～從孤之虛

日書227貳　雞～（無）亡

日書329　日出～失北去而伐

民部

0549

民

14

日書434貳 ～多疾

日書436貳 ～少疾

日書427壹 聞～（提）挌司歲

日書472 ～多戰疾

丿部

0550

弗

13

日書267 ～居

日書268 ～居

日書255 主～居

日書213叁 必～居不死必亡

日書452 以穜一人～食也

厂部

0551

弋

1

日書41 ～獵

乀部

0552

也

也（小篆）

59

日書 40
雨日～

日書 115 貳
是日毋可有爲～

日書 135 壹
始數其雌～

日書 174
姱婦之日～

日書 183 壹
齒爪死日～

日書 132 叁
相中乃可用～

日書 136 壹
右行誰～

日書 373
午鹿～

日書 370
卯鬼～

日書 101
咸池之敗～

戈部

0553

戎

戎（小篆）

1

戎
告地書正
都鄉燕佐～敢言之

0554

戰

戰（小篆）

7

日書 422
從西方來大～滅軍

日書 420
是兵起必～得數萬

日書 472
民多～疾

0555

或

5

日書 254
～死之

日書 249
爲之～死之

日書 261
必～死

日書 253
爲之～死

日書 243
必～死之

我部

0556

我

1

日書 374
爲人～=（娥娥）然

乚部

0557

直

6

日書 210 叁
月剌～（值）法日

日書 110
苟毋～（值）臨日

日書 131 叁
～後者不死

亾部

0558

亾

35

日書 38
～者不得

日書 150 壹
歸到行～

日書 156 貳
癸亥～死

日書228貳　西爲雞棲雞不～

日書213叁　必弗居不死必～

日書54　司～

日書14　奴婢～

曲部

0559 曲

1

日書375　盜者～身而㾓行

瓦部

0560 瓦

3

日書418　炊地～石見

日書456　盛新～甕中

日書372　臧～器下

弓部

0561 發

6

日書342　至昏死勿～

日書414　～屋折木

日書336　食至日是死勿～

系部

0562

孫

1

日書 294 壹

外毀～內毀子

第十三　糸部——力部

糸部

0563 絶	0564 細	0565 纏	0566 結		0567 終

3	2	1	8		2
 日書 458 東方地維乃～	 日書 373 盜者長頸～胻	 日書 106 ～以布	 日書 467 是胃四時～	 日書 27 卯～	 日書 423 凡以凶吉雲高～歲
 日書 187 貳 可入貨〓後～亡	 日書 378 盜者大鼻而～胻		 日書 28 巳～		
 日書 276 貳 毋～〓縣〓肉［三］			 日書 25 亥～		

0568 維

1

日書 458

東方地～乃絶

0569 緰

1

日書 149 壹

～（繇）以壬戌北不反

0570 糺

1

日書 459

於是～胃而

絲部

0571 絲

1

日書 194

以裁衣必衣～

虫部

0572 虫

6

日書 473

大雨大～（蟲）

日書 473

小雨小～（蟲）

日書 372

～目而黃色

0573 雖

2

日書 110

它～不吉毋大害

0574 强

1

日書 463 以占～弱

蚰部

0575 重 蚤

7

日書 471 蚤寒～（早）執

日書 471 ～（早）寒蚤執

日書 110 命曰央～（早）至

風部

0576 風

25

日書 425 正月旦西～

日書 419 是胃囂庳～

日書 60 數詣～雨

日書 414 正月戊己有北～

日書 475 蚤～以於草木

它部

0577 它

7

日書 110 ～雖不吉毋大害

日書 62 不可爲～事

日書 19 ～毋可有爲

二部

0578 二

101

日書448　入月～日

日書352叁　～曰

日書312　一室酉～亥四丑六

日書228貳　東鄉度～

日書98　～月

日書67　不可取妻必～妻

日書114貳　大時右行閒～

日書96貳　十～月

日書108　～月

日書151壹　～旬二日

日書183壹　入月～旬

日書100　十～月

日書151壹　～日

0579 亟

2

日書32　以轂～出

0580 凡

13

日書301叁　～日與月同營居者

日書116叁　～取婦嫁女

日書152壹　～此日亡不得

日書109
～百事皆凶

土部

0581 土

28

日書459
名中央而封之～

日書352壹
其叅天～

日書240
此～大忌也

日書224
戊己～忌

日書106
～勝水

日書106
操～北裹以布

日書224
甲乙～忌

日書224
丙丁～忌

日書211叁
～良日

日書212叁
～忌

0582 地

9

日書418
炊～瓦石見

日書221
穿～大深各三尺

日書210叁
鑿～

日書458
～不足東方地維

0583 垣

垣（篆）　42

日書 245　～北方

日書 244　～東方

日書 269　～日帝毀丘之日

日書 210 壹　其鄉～壞

日書 209 叁　此胃九忌不可立～

日書 244　～南方

0584 在

在（篆）　69

日書 117 貳　虛〓～東方

日書 142 壹　～行不可歸

日書 90　至德所～乃可治也

日書 95 壹　刑～術

日書 92 貳　德～術

日書 91 貳　德～野

日書 116 貳　孤〓～西北

日書 116 貳　虛〓～東南

日書 94 壹　刑～巷

日書 95 貳　德～庭

日書 93 貳　德～巷

0585 堊

堊（篆）　1

日書 221　方男員女各～之

0586 城

城（篆）　2

日書 235　～郭不居

0587 重
毀
7

日書269
垣日帝～丘之日

日書294壹
外毀孫内～子

日書36
有～

0588
壞
9

日書210壹
其鄉垣～

日書378
臧圂中～垣下

日書271
不可～垣

0589
圭
1

日書173
～（奎）嫁女

0590
墦
1

日書194
不～（墦）乃亡

0591
壅
1

日書456
盛新瓦～（甕）中

里部

0592
里
15

日書333
失南一～

日書333
失南十～

日書146壹
千～外

日書300壹
其咎在～中

日書339
失西北去一～

日書146壹
五百～外

日書 343 失出七～

0593 野

2

日書 95 壹 德在～

田部

0594 田

8

日書 453 始耕～之良日

日書 445 肆 三以辛朔下～收

日書 398 ～多蒿

0595 當

8

日書 468 結解句～

日書 115 貳 所～爲衡

日書 39 取妻嫁女兩寡相～

0596 畜

15

日書 311 亥死其咎在室六～

日書 109 ～生

日書 24 ～生

日書 144 叁 ～生

黃部

0597 黃

22

日書 333 丁亥～昏死

日書 428 貳 ～下

日書 336 至～昏死

男部

0598 男

10

日書 330 ～子傷其家

日書 376 其盜～子也

日書 212 壹 ～子死之

日書 377 大面短頭～子也

力部

0599 功

13

日書 240 毋操土～

日書 20 可以責捕人～（攻）

日書 476 有土～事

0600 勉

1

日書 370 大目～（兔）口

0601

勝

13

日書105

五～

日書105

水～火

日書462

令水～火

0602

勶

9

勶 日書29

寅～

日書27

戌～

日書25

午～

第十四　金部——亥部

金部

0603
金
金
13

日書 104
~生巳壯酉老丑

日書 350 壹
庚辛~也

日書 106
火勝~

日書 212 貳
~□出月

日書 369
~〈全〉於中

0604
鐵
鐵
1

日書 105
□~長三寸操東

0605
鑿
鑿
2

日書 210 叁
~地

0606
錢
錢
2

日書 394
~財人必破亡

几部

0607 重 處

2

日書 275 貳　興〃毋所定～

且部

0608 且

8

日書 467　是胃吾～臧

日書 468　兵革～作

日書 31　以生子美～長賢其

斤部

0609 斤

1

日書 395　斧～不折

0610 斧

1

日書 395　～斤不折

0611 斲

3

日書 100　東北～（闕）

0612 所

10

日書 213 貳　～在

日書 257　～在不可興土攻

日書 207 貳　月～在

0613

新

2

日書 456
盛～瓦壅中

斗部

0614

斗

4

日書 289 貳
七星～牽〓吉

日書 56
十一月～利祠

日書 129 叁
～擊

日書 456
各一～粟

車部

0615

車

4

日書 282 貳
大吉門宜～馬

日書 279 貳
宜～馬宗族弟兄

0616

輕

1

日書 372
而鳥口～足

0617

軍

2

日書 42
攻～

𠂤部

0618 官

15

日書 355 叁
居～

日書 36
三從～自如

日書 39
臨～

日書 196
入～毋以十月

𨸏部

0619 陰

13

日書 449
～而雨

日書 44
～日

日書 448
～而雨

0620 陽

13

日書 34
正～

日書 474
～氣

日書 27
巳寅正～

0621 隅

1

日書 365
食到～中丁

0622 險

2

日書 373
臧之草木下販～

日書 375
依販～

0623
降

1

日書 109
下～央

0624
隄

1

日書 24
破～（堤）

0625
除

19

日書 1 壹
建～

日書 184 貳
五寅利～疾

日書 4 壹
～午

日書 38
外～

日書 12 壹
～寅

日書 352 叁
一曰～

日書 1 壹
～卯

四部

0626
四

75

日書 452
六月廿～日

日書 381 貳
～月不死

日書 108
～月丑

日書 198
入月～日

五部

0627

五

109

日書 203　八月～日

日書 111 貳　四旬～日

日書 198　～月丙丁亥乙未巳

日書 105　～勝

日書 146 壹　～百里外

日書 58　以亡者不盈～歲死

日書 108　～月戌

日書 105　～勝

六部

0628

六

74

日書 322　亥～

日書 211 貳　～版母死之

日書 152 壹　五月～日

日書 314　卯～

日書 108　～月卯

日書 15　～畜

日書 6 壹　～月

七部

0629

七

59

日書152壹
正月～日

日書194
入月旬～

日書112貳
居五旬～日

日書474
～月并居申

日書108
～月子

日書152壹
～月九日

日書157貳
～月甲子

日書198—199
入月四日～日

日書288貳
三月～月十一月

日書289貳
～星

九部

0630

九

44

日書151壹
～日

日書112貳
居～日

日書452
七月～日

日書209叁
此胃～忌不可立垣

日書108
～月寅

内部

0631 萬

2

日書 420
必戰得數～

0632 禹

2

日書 151 壹
～竈日

甲部

0633 甲

76

日書 120 貳
～辰旬

日書 116 貳
～子旬

日書 7 貳
～寅

日書 118 貳
～申旬

乙部

0634 乙

67

日書 150 貳
甲～來

日書 146 叁
復到甲～

日書 248
秋～丑巳未

日書 207 叁
六月～

日書 198
五月丙丁亥～未巳

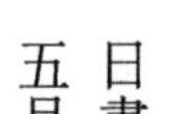
日書 197
三月戊甲～卯戊未

日書 197
二月甲～辛戌亥

日書 157 貳
三月～酉

日書 7 貳
甲寅～卯

日書 324
～丑死

0635

尤

1

日書 450
～賤

丙部

0636

丙

58

日書 243
夏～丁

日書 111 貳
～午

日書 151 貳
～丁來

日書 179
～申丁酉天地相去

丁部

0637

丁

74

日書241
六月丙～

日書329
～丑莫食至日中死

日書444肆
三以～朔歲户

日書179
丙申～酉天地相去

日書208叁
八月～

日書207叁
二月～

日書198
～亥

日書146壹
毋以丙～到室

日書149壹
以～酉酉不反

日書148壹
～亥

戊部

0638

戊

63

日書224
壬癸朔～己土忌

日書196
入官毋以十月～午

日書148壹
～戌

日書238
～午不可殺牛

日書286貳
～寅

日書148壹
～申

日書197
三月～甲乙卯戊未

日書175貳
～申己酉以取妻=

日書200
～子庚子不可入官

0639

戌

19

日書181　～己毋取"妻"

日書268　～戌

日書468　五穀必～

日書180　不～

日書2壹　～亥

日書34　小事果～

日書10壹　～未

己部

0640

己

63

日書172　～未之人室

日書248　春丁丑～丑辛

日書146叁　戊～來

日書178貳　戊戌～亥不可嫁人

日書5貳　丙寅丁卯～巳伐

日書207叁　三月四月丙～

日書414　正月戊～有北風

日書176貳　戊午～未以取妻"

庚部

0641
庚

56

日書 265
~午

日書 173
~辰

日書 200
戊子~子不可入官

日書 243
秋~辛

日書 150 壹
以~東不反

日書 197
~寅

日書 207 叁
正月二月丁~

日書 4 貳
~辛伐桑妻死

辛部

0642
辛

61

日書 331
~巳夜半會壬午死

日書 231
忌~壬

日書 209 叁
甲戌~

日書 222
~亥

日書 150 貳
~行

日書 147 叁
庚~來

壬部

0643
壬

71

日書 245
~癸

日書 6 貳
壬~伐□□少子死

日書 175 壹
~申癸酉百事不吉

癸部

0644

癸

64

日書151貳
~癸行

日書144壹
冬三月~戌

日書147壹
~戌

日書265
~癸巳亥乙酉

日書112貳
以~子徙北方

日書265
~巳

日書245
壬~

日書152貳
復到壬~

日書156貳
~亥亡死

日書151貳
壬~行

日書248
丁丑己丑辛丑~巳

日書224
壬~朔戊己土忌

子部

0645

子

164

日書370
女~也

日書378
其盜女~也

日書112壹
大時居~

日書 473
~毋敢

日書 414
君~憂

0646
字

3

日書 142 叁
日與~（支）夾根山

日書 141 叁
~（支）

日書 174
以之不~夫恐死

0647
孤

8

日書 120 貳
寅卯~=

日書 118 貳
午未~=

日書 119 貳
辰巳~=

日書 116 貳
戌亥~=

日書 101
命曰八星是胃~辰

丑部

0648
丑

110

日書 248
丁丑己丑辛~癸巳

日書 268
未酉秋亥~入室內

日書 2 壹
開~

日書 455
黍龍~

日書 80
子~寅擊夕

日書 87
戌亥子~寅卯辰巳

寅部

0649

寅

107

日書314 午申子～不出

日書233 忌戊～辛壬癸

日書84 子丑～卯辰巳午

日書198 八月甲乙甲戌申～

日書120貳 ～卯孤=

日書85 子丑～卯

日書341 甲～雞鳴至昏死

日書82 子丑～卯辰擊夜半

日書128貳 巳朔申～反支

卯部

0650

卯

90

日書455 叔龍～

日書266 ～在房

日書12壹 盈～

日書120貳 寅～孤=在東方

日書25 ～徹

辰部

0651
辰
116

日書 120 貳
甲～旬申酉虛≡

日書 185 貳
五～利澤臯

日書 294 貳
甲～

日書 132 貳
酉朔戌～反支

0652
辱
5

日書 100
東南執～

日書 196
午辰未～

日書 97
西南執～

巳部

0653
巳
110

日書 248
冬丁巳亥酉～

日書 265
癸～

日書 7 壹
收～

日書 415
乙～

日書 342
丁～旦至晦死

日書 83
戌亥子丑寅卯辰～

日書 104
生～壯酉老丑

日書 5 貳
丙寅丁卯己～伐棗

日書 86
子丑寅卯辰～午未

日書 84
子丑寅卯辰～午

日書 211 叁
乙～

日書 212 叁
癸～

0654

㠯

205

日書 316
丑二卯四～六

日書 475
是胃吾～（已）殺矣

日書 471
吾～（已）成矣

日書 473
吾～（已）長矣

日書 473
是胃吾～（已）長矣

以　日書 286 貳
可～爲北門

日書 24
閉日可～入馬

日書 32
～畬

日書 32
～毄亟出

日書 444 叁
三～丙朔禾麻爲

日書 475
温～

日書 475
蚤風～於草木

日書 474
并居申～行秋氣

午部

0655

午

103

日書 478
十二月置免於～

日書 383 貳
七十二年以壬～死

日書 381 貳
六十七年以庚～死

日書 331
壬～旦死

日書 288 貳
以壬申～甲午築吉

日書 11 壹
～危未成申

日書1壹
定～

未部

0656
未

100

日書374
～馬也

日書246
良日卯～丑皆吉

日書1壹
執～

日書222
乙～

日書2壹
定～

日書3壹
平～

日書26壹
～酉陰

日書10壹
成～

申部

0657
申

106

日書86
午未～擊日出

日書175壹
壬～

日書244
春甲～及上旬

日書175貳
戊～

日書179
丙～

酉部

0658

酉

107

日書 453
良日牽〓～亥

日書 309
～死不出三月

日書 179
丁～天地相去也

日書 120 貳
申～虛〓

日書 266
～在卯

日書 268
春日未～

日書 244
上旬丙丁～

0659

酓

6

日書 109
～（飲）食

日書 38
～（飲）藥

日書 44
～（飲）食

戌部

0660

戌

98

日書 455
稻龍～

日書 377
～老火也

日書 310
～死其咎在室六畜

日書 172
春三月～

日書 119 貳
～亥虛〓

日書 197
三月戌甲乙卯～未

日書108
五月～

日書148壹
戌～

日書211叁
甲～

亥部

0661
亥

100

日書103
生～壯卯老未

日書454
癸～

日書85
申酉戌～

日書119貳
戌～虛〓

日書79
酉戌～子丑擊昏

日書108
二月～

日書196
十一月～

日書248
亥酉己巳～酉

日書3壹
危～

合文

0001 大夫	0002 季子	0003 牽牛
1	1	2
 日書385貳 爲~	 日書351壹 黑色~死	 日書289貳 七星斗~吉  日書453 始耕田之良日~

筆畫序檢字表

一　本檢字表，供檢索《孔家坡漢簡字形譜》單字的所有字頭和字頭下的俗寫異體用，由此可檢閱到相關字頭下的全部内容。由於合文數量較少，故不再附於本檢字表中。

二　表中被檢字首先按筆畫排列，筆畫相同的字再按筆順（一、丨、丿、丶、乙）之序排列。

三　每一字頭之後是該字在字形譜中的字頭序號——四位阿拉伯數字或四位阿拉伯數字加「重」。例如：「甲　0633」表示「甲」的字頭序號爲「0633」。

四　鑒於有些字頭和字頭下的俗寫異體較爲生僻，爲便於檢索，本檢字表專門列出了與這些生僻字所對應的通行體，即通過檢索某一生僻字所對應的通行體，也可檢索到該生僻字。具體詳《凡例》第十四條。

筆畫序檢字表（依筆畫順序，右列至左列，每列自上而下）

亥 0661	伍 0375	百 0160	母 0536	令 0428	目 0155
羊 0168	伏 0381	有 0307	**六畫**	用 0154	旦 0300
并 0387	伐 0382	而 0447	刑 0220	句 0098	且 0608
汗 0498	自 0157	死 0182	戎 0553	卯 0650	甲 0633
字 0646	血 0216	成 0639	圭 0589	外 0311	申 0657
收 0151	行 0090	邪 0288	吉 0059	冬 0501	田 0594
好 0541	全 0230重	此 0071	至 0509	主 0217	目 0654
如 0543	合 0224	危 0442	地 0582	市 0236	兄 0237
奸 0545	多 0313	兆 0336	老 0402	立 0473	央 0265
丞 0117	各 0061	旬 0432	虫 0572	必 0040	史 0135
羽 0162	名 0050	同 0365	光 0461	它 0577	生 0265
七畫	牝 0045	曲 0559	夙 0312	半 0042	四 0626
麦 0241	年 0325		戌 0660	司 0427	失 0525
戒 0118	再 0176			民 0549	禾 0317
攻 0152	西 0511			弗 0550	丘 0389
赤 0464	先 0413		在 0584	出 0262	代 0377
折 0027重	色 0430	廷 0088		奴 0539	白 0372
	衣 0396				

卌 0103
巫 0200
求 0401重
車 0615
更 0148
吾 0051
酉 0658
辰 0651
夾 0466
豕 0449
步 0069
𨑒 0078
旱 0297
見 0415
里 0592
足 0095
男 0598

邑 0284
別 0183
牡 0044
我 0556
利 0190
禿 0414
秀 0318
兵 0119
佐 0384
作 0376
身 0395
坐 0585
谷 0500
免 0385
夙 0312
言 0106
序 0437

辛 0642
忘 0477
兑 0411
弟 0245
沂 0489
没 0496
決 0495
完 0344
牢 0046
良 0238
初 0191
社 0012
祀 0008
君 0052
尾 0407
忌 0478
壯 0019

矣 0234
紀 0570

八畫

青 0218
長 0445
者 0159
其 0198重
取 0133
若 0025
苟 0028
直 0557
東 0259
或 0555
事 0136
刺 0193
兩 0367
雨 0502

來 0240
妻 0534
到 0510
非 0507
叔 0132
虎 0210
尚 0038
昊 0471
味 0049
果 0254
昌 0298
門 0515
困 0269
物 0047
和 0056
使 0378
版 0316

依 0374
所 0612
金 0603
命 0053
斧 0610
受 0179
周 0060
昏 0295
臽 0334
咎 0383
夜 0310
卒 0400
庚 0641
妾 0115
於 0173重
炊 0460
法 0453重

河 0483
治 0490
宗 0353
定 0343
宜 0348
官 0618
空 0358
房 0514
建 0089
居 0403
屈 0409
孤 0647
亟 0579
降 0623
姑 0537
姓 0532
妰 0546

始 0540

九畫

春 0031
垣 0583
城 0586
挌 0529
甚 0202
革 0123
巷 0291重
草 0030
故 0146
南 0264
相 0156
柏 0251
柱 0256
柀 0250
戜 0553

歌 0417
咸 0057
面 0423
耐 0448重
皆 0158
韭 0340
是 0073
則 0192
明 0308
星 0303重
胃 0185
耑 0339
秋 0327
皇 0016
鬼 0433
禹 0632
後 0085

卻 0429
食 0222
矦 0232
勉 0600
風 0576
計 0109
哀 0062
度 0134
庭 0435
庢 0362重
帝 0005
施 0301
美 0170
前 0067
首 0424
逆 0076
洛 0487

宦 0347
室 0342
穿 0356
客 0350
軍 0617
祝 0010
祠 0009
屋 0404
屏 0405
昏 0295
韋 0244
除 0625
盈 0213
臬 0337
癸 0644
蚤 0575重
彖 0450

十畫

耕 0194
捕 0528
馬 0451
起 0065
都 0285
恐 0481
垔 0585
莫 0032
根 0252
辱 0652
夏 0243
破 0444
逐 0079
寿 0067
時 0293
財 0273

晏 0294
員 0272
哭 0063
圂 0271
氣 0333
乘 0248
⿱竹恖 0255
倍 0379
射 0231重
殺 0142
倉 0227
飢 0223
胻 0189
桀 0247
芻 0026
高 0235
郭 0289

病 0360
疾 0359
脊 0530
畜 0596
恙 0480
敉 0149
益 0212
朔 0306
消 0497
海 0491
涂 0485
流 0499重
害 0352
家 0341
宮 0354
冣 0364
弱 0426

孫 0562
陰 0619
桑 0260

十一畫

責 0278
掩 0526
焉 0174
執 0469
菅 0031
麥 0241
帶 0369
盛 0211
虛 0390
處 0607重
常 0370
敗 0150
販 0279

野 0593
閈 0519
閉 0519
問 0054
婁 0544
晦 0296
異 0120
國 0268
唯 0055
眾 0391
朙 0308
過 0074
貨 0274
進 0075
鳥 0171
術 0091
徙 0078

得 0086
從 0386
欲 0416
酓 0659
貧 0281
孰 0126
麻 0338
疵 0361
⿸疒廷 0435
⿸疒夆 0362重
鹿 0454
產 0266
族 0302
望 0393
⿱龹示 0013
清 0492
深 0488

寅 0649
啟 0145
晝 0138
殹 0180重
敢 0180重
將 0144
隄 0624
陽 0620
隅 0621
婢 0538
婦 0535
參 0304重
鄉 0290
細 0564
終 0567

十二畫

尌 0209

裁 0397	閒 0518	童 0114	幾 0177	毀 0587重	蔡 0023
報 0470	遇 0077	帝 0058	十三畫	傷 0380	輕 0616
壹 0468	貴 0283	棄 0175重	遠 0080	會 0226	穀 0141
惡 0479	黑 0463	善 0113重	嵩 0029	餗 0049	歌 0417
黃 0597	圍 0270	道 0081	巷 0291重	腸 0186	朢 0393
盍 0024	短 0233	溫 0484	蒿 0239	腹 0188	厭 0167
葬 0033	黍 0331	盜 0418	殤 0181	資 0275	奪 0140
萬 0631	等 0196	寒 0351	預 0422	詣 0110	嘗 0208
喪 0064	街 0092	富 0345	歲 0070	解 0195	雌 0166
棲 0512重	御 0087	強 0547	貲 0282	嗇 0141	藏 0140
粟 0314	復 0083	媦 0574	當 0595	新 0613	聞 0522
軌 0526	番 0041	賀 0277	罪 0368	溝 0494	鳴 0172
雄 0165	為 0125	發 0561	稙 0320	慎 0475	圖 0267
雲 0504	勝 0601	婆 0542	辟 0431	羣 0169	種 0319
暑 0299	然 0458	結 0566	稻 0329	嫁 0533	稱 0328
最 0366	詛 0111	絕 0563	稿 0330	棃 0258	箕 0197
開 0517	廁 0440	絲 0571	與 0121	十四畫	毀 0587重

（筆畫索引　讀序自右至左、自上而下）

第一行（右→左）：
僕 0116　鼻 0161　獄 0456　獄 0456　裏 0399　膏 0187　廄 0436　齊 0315　鄭 0287　漢 0486　寡 0349　寧 0205　實 0346　盡 0214　斳 0611　維 0568　【十五畫】

第二行（右→左）：
賣 0263　壿 0590　穀 0326　賢 0276　憂 0242　殤 0181　齒 0094　橐 0314　賤 0280　數 0147　稷 0322　稻 0323　釋 0321　樂 0257　德 0082　徵 0392　請 0107

第三行（右→左）：
誰 0112　稟 0324　癳 0436　慶 0476　廢 0439　雒 0165　謁 0108　繪 0569　險 0622　【十六畫】　駱 0452　操 0524　燕 0505　頭 0419　頸 0420　縣 0425　骹 0147　器 0097

第四行（右→左）：
戰 0554　築 0255　興 0122　徵 0084　霖 0503　錢 0606　獲 0455　雛 0573　癭 0441　瘳 0363　龍 0506　雍 0591　燔 0459　營 0355　澤 0493　【十七畫】　歸 0068

第五行（右→左）：
藍 0021　擊 0527　臨 0394　翳 0503　雛 0573　爵 0221　襃 0398　燥 0462　窹 0286　禮 0007　【十八畫】　闕 0516　屬 0408

第六行（右→左）：
衛 0093　雞 0163　離 0164　禱 0011　【十九畫】　壞 0588　寶 0357　糧 0332　【二十畫】　囂 0096　鐵 0604　顧 0421　【二十一畫】　纏 0565　環 0018

二十二畫

聽 0521

二十三畫

鬫 0127

二十四畫

蘸 0022

二十六畫

鬮 0127

二十八畫

鑿 0605

《説文》序檢字表

一　本檢字表，供檢索《孔家坡漢簡字形譜》單字的所有字頭和字頭下的俗寫異體用，由此可檢閲到相關字頭下的全部内容。由於合文數量較少，故不再附於本檢字表中。

二　表中被檢字見於《説文》者，按大徐本《説文》字序排列，分别部居；未見於《説文》者，按偏旁部首附於相應各部後。

三　每一字頭之後是該字在字形譜中的字頭序號——四位阿拉伯數字或四位阿拉伯數字加「重」。例如：「甲　0633」表示「甲」的字頭序號爲「0633」。

一部
一 0001
天 0002
吏 0003
丄部
上 0004重
帝 0005
下 0006重
示部
禮 0007
祀 0008
祠 0009
祝 0010
禱 0011
社 0012
桊 0013
三部
三 0014
王部
王 0015
皇 0016
玉部
玉 0017
環 0018
士部
壯 0019
丨部
中 0020
艸部
藍 0021
薛 0022
蔡 0023
蓋 0024
若 0025
芻 0026
折 0027重
苛 0028
蒿 0029
草 0030
萅 0031
春 0031
茻部
莫 0032
葬 0033
小部
小 0034
少 0035
八部
八 0036
分 0037
尚 0038
介 0039
必 0040
釆部
番 0041
半部
半 0042
牛部
牛 0043
牡 0044
牝 0045
牢 0046
物 0047
口部
口 0048
味 0049
昧 0049
名 0050
吾 0051
君 0052
命 0053
問 0054
唯 0055
和 0056
咸 0057
啻 0058
吉 0059
周 0060
各 0061
哀 0062
哭部
哭 0063
喪 0064
走部
起 0065
止部
止 0066
歬 0067
前 0067
歸 0068
步部
步 0069
歲 0070
此部
此 0071
正部
正 0072
是部
是 0073
辵部
過 0074
進 0075

壴部
尌 0209
虎部
虎 0210
皿部
盛 0211
益 0212
盈 0213
盡 0214
去部
去 0215
血部
血 0216
丶部
主 0217
青部
青 0218

井部
井 0219
荆 0220
皀部
爵 0221
食部
食 0222
飢 0223
亼部
合 0224
今 0225
會部
會 0226
倉部
倉 0227
入部
入 0228

內 0229
全 0230重
矢部
射 0231重
矦 0232
短 0233
矣 0234
高部
高 0235
冂部
市 0236
央 0237
畗部
良 0238
嗇部
嗇 0239
來部

來 0240
麥部
麥 0241
麦 0241
夊部
憂 0242
夏 0243
韋部
韋 0244
弟部
弟 0245
久部
久 0246
桀部
桀 0247
乘 0248
木部

木 0249
柀 0250
柏 0251
根 0252
末 0253
果 0254
築 0255
[illegible] 0255
柱 0256
樂 0257
棃 0258
東部
東 0259
叒部
桑 0260
之部
之 0261

出部
出 0262
賣 0263
𣎵部
南 0264
生部
生 0265
產 0266
囗部
圖 0267
國 0268
困 0269
圍 0270
圂 0271
員部
員 0272
貝部

財　0273
貨　0274
資　0275
賢　0276
賀　0277
責　0278
販　0279
賤　0280
貧　0281
貲　0282
貴　0283

邑部

邑　0284
都　0285
竆　0286
竆　0286
鄭　0287
邪　0288
郭　0289

𨛜部

鄉　0290
䢼　0291重
巷　0291重

日部

日　0292
時　0293
晏　0294
昏　0295
昬　0295
晦　0296
早　0297
昌　0298
暑　0299

旦部

旦　0300

㫃部

施　0301
族　0302

晶部

星　0303重
參　0304重

月部

月　0305
朔　0306

有部

有　0307

朙部

朙　0308
明　0308

夕部

夕　0309
夜　0310
外　0311
殅　0312
夙　0312

多部

多　0313

𠧪部

㮚　0314
粟　0314

齊部

齊　0315

片部

版　0316

禾部

禾　0317
秀　0318
稙　0320
種　0319
稺　0321
稷　0322
稻　0323
稾　0324
年　0325
穀　0326
秋　0327
稱　0328
稖　0329
𥝩　0330

黍部

黍　0331

米部

糴　0332
氣　0333

臼部

臽　0334

凶部

凶　0335
兇　0336

朩部

枲　0337

麻部

麻　0338

耑部

耑　0339

韭部

韭　0340

宀部

家　0341
室　0342
定　0343
完　0344

欠部
欲 0416
歌 0417
歌 0417
㳄部
盜 0418
頁部
頭 0419
頸 0420
顧 0421
頯 0422
面部
面 0423
首部
首 0424
𥄉部
縣 0425

彡部
弱 0426
司部
司 0427
卩部
令 0428
卻 0429
色部
色 0430
辟部
辟 0431
勹部
旬 0432
鬼部
鬼 0433
山部
山 0434

广部
庭 0435
⿸疒廷 0435
廏 0436
瘕 0436
序 0437
廥 0438
廢 0439
庳 0440
厂部
厭 0441
⿸疒猒 0441
危部
危 0442
石部
石 0443
破 0444

長部
長 0445
勿部
勿 0446
而部
而 0447
耐 0448重
豕部
豕 0449
彑部
象 0450
馬部
馬 0451
駱 0452
廌部
法 0453重
鹿部

鹿 0454
犬部
獲 0455
㹜部
獄 0456
獄 0456
火部
火 0457
然 0458
燔 0459
炊 0460
光 0461
燥 0462
黑部
黑 0463
赤部
赤 0464

大部
大 0465
夾 0466
夭部
夭 0467
壹部
壹 0468
幸部
執 0469
報 0470
夰部
昦 0471
夫部
夫 0472
立部
立 0473
心部

心 0474
慎 0475
慶 0476
忘 0477
忌 0478
惡 0479
恙 0480
恐 0481
水部
水 0482
河 0483
温 0484
涂 0485
漢 0486
洛 0487
深 0488
沂 0489

治 0490
海 0491
清 0492
澤 0493
溝 0494
決 0495
没 0496
消 0497
汗 0498
沝部
流 0499重
谷部
谷 0500
仌部
冬 0501
雨部
雨 0502

⿱雨毅 0503
⿱豙雨 0503
雲部
雲 0504
燕部
燕 0505
龍部
龍 0506
非部
非 0507
不部
不 0508
至部
至 0509
到 0510
西部
西 0511

棲 0512重
戶部
戶 0513
房 0514
門部
門 0515
闕 0516
開 0517
閒 0518
閉 0519
閇 0519
耳部
耳 0520
聽 0521
聼 0521
聞 0522
手部

手 0523
操 0524
失 0525
掩 0526
⿰奄尤 0526
擊 0527
捕 0528
挌 0529
𠦬部
脊 0530
女部
女 0531
姓 0532
嫁 0533
妻 0534
婦 0535
母 0536

姑 0537
婢 0538
奴 0539
始 0540
好 0541
婺 0542
如 0543
婁 0544
奸 0545
妰 0546
媀 0547
毋部
毋 0548
民部
民 0549
丿部
弗 0550